Inhalt

W0311072

1 Addiere und male die Ergebnisfrösche an oder kreise sie bunt ein – 1 Frosch bleibt übrig!

2 Sudoku: Jede Zahl (1 – 4) darf in jeder Reihe, Spalte und jedem Block nur einmal vorkommen!

		1	
2			
			3
	4		1

3 Beschrifte!

______ ______ ______ ______ ______ ______

4 Niki ist 9 Jahre und 6 Monate alt, sein Bruder Markus ist um 20 Monate älter. Johannes, der jüngste Bruder, ist um 128 Monate jünger als Markus.

a) Wie alt ist Markus?

b) Wie alt ist Johannes?

A. a): ______________________

A. b): ______________________

5 Je drei Zahlen ergeben eine Multiplikationsaufgabe!

45 · 8 = 360

____

____

____

6 Setze die fehlenden Zahlen so ein, dass in jeder Längs-, Quer- und Eckreihe des Quadrates 39 herauskommt!

18	13	
		17

7 Wie heißen die Bruchteile?

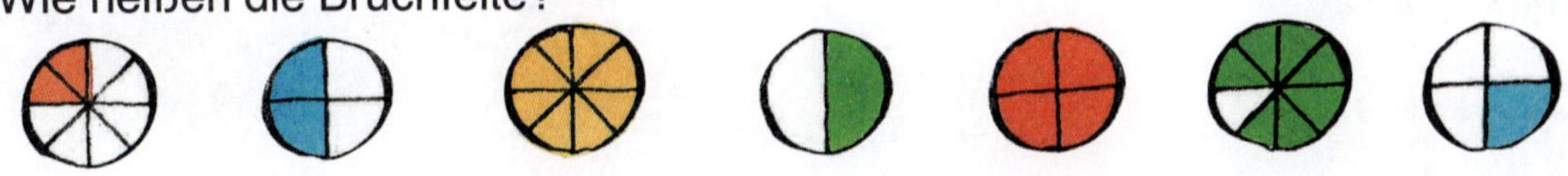

_______ _______ _______ _______ _______ _______ _______

8 Marie will in den Sommerferien ein sehr dickes Buch lesen. In der ersten Woche liest sie täglich 16 Seiten, in der zweiten Woche schafft sie doppelt so viel. In der dritten Woche ist sie zwei Tage krank und schafft nur $\frac{5}{8}$ der Seitenzahl der zweiten Woche. In der 4. Woche liest Marie nur 92 Seiten. Sie wäre fertig gewesen, wenn sie um 15 Seiten weniger als in der 1. Woche gelesen hätte.

a) Wie viele Seiten bleiben übrig?
b) Wie viele Seiten hat das Buch?

A. a): ___________________

A. b): ___________________

1 Subtrahiere und male die Ergebniszahlen bunt an!

1000	516	389	1000	654	404
− 328	− 209	− 328	− 437	− 508	− 364

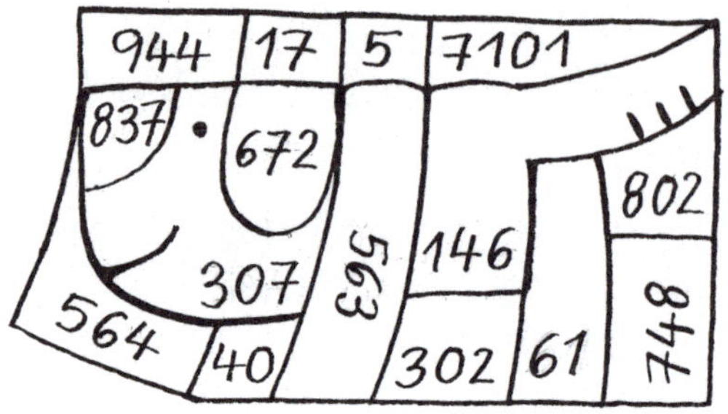

2 Verbinde die Zahlen der Reihe nach, indem du immer plus 14 rechnest. Starte bei 14!

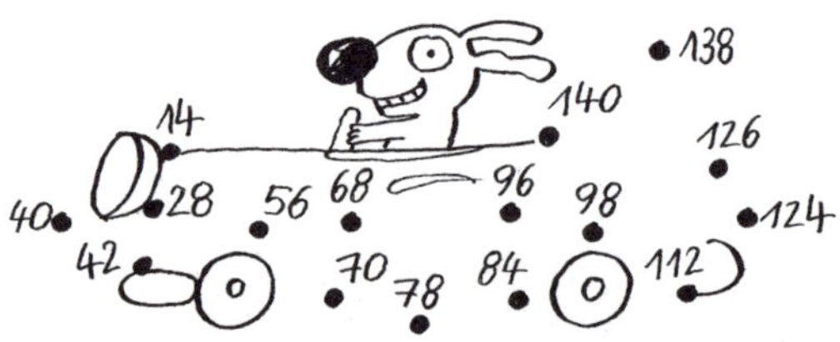

3 Male mit Buntstift die angegebenen Flächen des Quaders an!

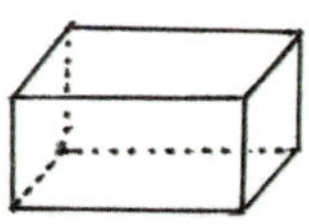
links – rechts

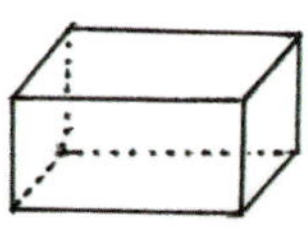
vorne

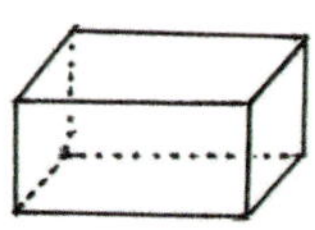
oben – unten

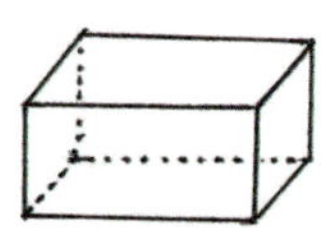
hinten

4 Caroline geht mit ihrem Hund täglich 2 km 380 m spazieren. Am Samstag und am Sonntag geht sie sogar 3 km 850 m gemeinsam mit ihren Eltern.

Wie viele km und m legen Caroline und ihr Hund in einer Woche zurück?

A.: ______________________________

____

5 Divisionen ohne Rest! Kontrolliere anhand der Ergebnisherzen.

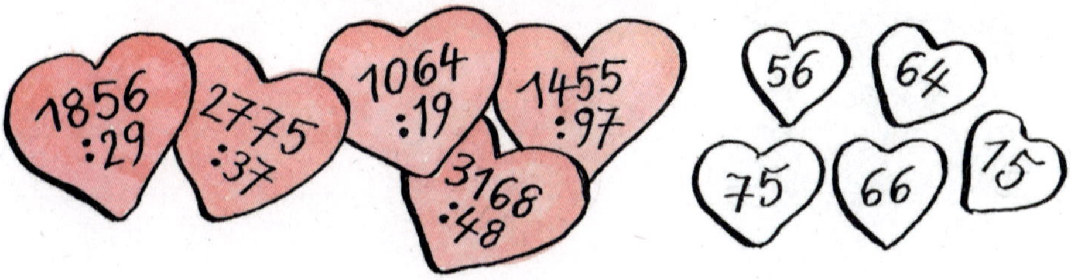

6 Schau dir die Farben- und Figurenfolge genau an. Was kommt an Stelle der Fragezeichen?

7 Addiere oder subtrahiere die angegebenen Brüche!

$\frac{3}{8} + \frac{4}{8} =$ ___ $\frac{1}{4} + \frac{3}{8} =$ ___ $\frac{3}{4} - \frac{1}{4} =$ ___ $\frac{5}{8} - \frac{2}{8} =$ ___

$\frac{1}{4} + \frac{2}{4} =$ ___ $\frac{2}{8} + \frac{1}{2} =$ ___ $\frac{6}{8} - \frac{4}{8} =$ ___ $1 - \frac{1}{2} =$ ___

8 In einer Regentonne befinden sich 160 l Wasser.
In einer Woche werden die Hälfte und $\frac{3}{8}$ zum Gießen verwendet.

a) Wie viele Liter befinden sich noch in der Tonne?
b) Wie viele Liter wurden vergossen?

A. a): ________________________________

A. b): ________________________________

1 Du kannst aus den Zahlen im Kästchen 3 Additionen bilden!

473	___	___
251	___	___
___	___	___

2 Wie viele Flächen hat jede Figur insgesamt?

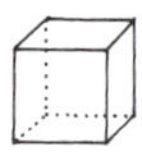

1 Würfel hat ____ Flächen!

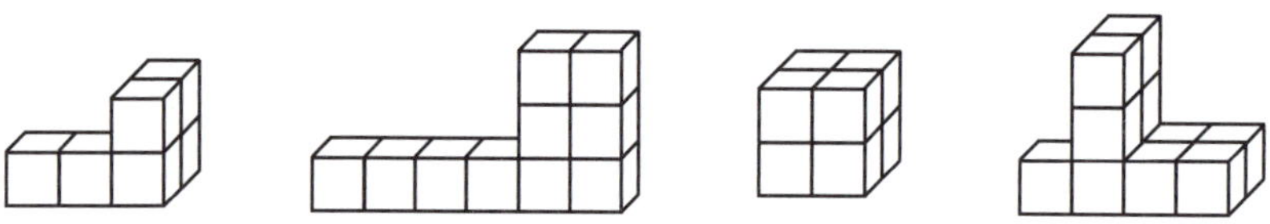

____ Flächen ____ Flächen ____ Flächen ____ Flächen

3 Rechne so lange, bis das Ergebnis aus aufeinanderfolgenden Ziffern (z. B.: 1 234, 45 678) besteht!

Das Ergebnis lautet: ________

4 In der Schulaula findet an 2 Tagen eine Schulaufführung statt. Dabei werden folgende Besucherzahlen gezählt:

	Mamas	Papas	zusammen
1. Aufführung	238		417
2. Aufführung		214	409
gesamt	433	393	

Rechne die fehlenden Zahlen aus und trage sie anschließend in die Tabelle ein!

5 Multipliziere geschickt (Einservorteil)!

56397 · 16 ______ ______

81473 · 12 ______ ______

40439 · 18 ______ ______

61183 · 14 ______ ______

38765 · 19 ______ ______

26842 · 17 ______ ______

6 Zahlengitter: Trage die folgenden Zahlen richtig in das Gitter ein:
49315, 84648,
6434748374,
8798275542,
8283982427

	5				5			5		
10					9					
					8					
10					7					
					4					
10					2					

7 a) Ergänze auf ein Ganzes!

$\frac{1}{4} + \_\_\_ = 1$

$\frac{1}{8} + \_\_\_ = 1$

$\frac{1}{2} + \_\_\_ = 1$

$\frac{2}{4} + \frac{1}{4} + \_\_\_ = 1$

$\frac{3}{8} + \frac{2}{8} + \_\_\_ = 1$

$\frac{1}{2} + \frac{1}{4} + \_\_\_ = 1$

b) Berechne!

$1\frac{3}{8} - \_\_\_ = 1$

$1\frac{2}{4} - \_\_\_ = 1$

$1\frac{6}{8} - \_\_\_ = 1$

8 In einer riesigen Zuckerdose befinden sich 104 Zuckerl.
In einer Woche verteilt die Lehrerin $\frac{6}{8}$ des gesamten Inhaltes.
Wie viele Zuckerl sind noch in der Dose?

A.: ______________________________

1 Schreibe die Zahlen untereinander und subtrahiere!

1 000, 645	682, 674	894, 439	731, 486
$\square\square\square\square$	$\square\square\square$	$\square\square\square$	$\square\square\square$
$-\square\square\square\square$	$-\square\square\square$	$-\square\square\square$	$-\square\square\square$
___	___	___	___

Kontrolliere anhand der Ergebniszahlen (male oder kreuze sie an)!
1 Zahl bleibt übrig.

2 Zauberquadrat: Addiere die Zahlen jeder senkrechten, jeder waagrechten und jeder diagonalen Reihe des Quadrates.
Was fällt dir auf?

A.: ______________________________

31	26	33
32	30	28
27	34	29

3

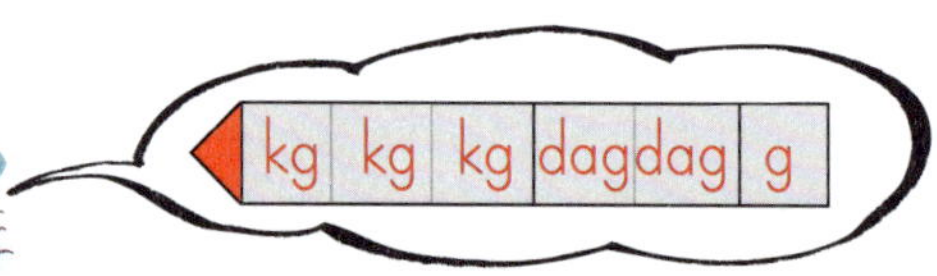

4 kg = ________ dag
7 kg = ________ dag
2 kg 20 dag = ________ dag
8 kg 14 dag = ________ dag
6 kg 5 dag = ________ dag

300 dag = ________ kg
5 dag = ________ g
3 kg = ________ g
40 dag = ________ g
50 kg = ________ dag

4 Ein Auto wiegt 1 780 kg. Eine vierköpfige Familie fährt damit in den Tiergarten. Der Vater wiegt 86 kg, die Mutter 65 kg und Lena 42 kg.
Wie viel wiegt der kleine Emil, wenn das Auto und die gesamte Familie 2 t wiegen?

A.: ______________________________

5 Bilde vier Divisionen! Male oder kreuze die Ergebnisse an.

6 Sikaku

Ziel des Spieles ist es, das Gitter in Rechtecke zu unterteilen, so dass die folgenden Regeln erfüllt sind:

- Jedes Rechteck enthält genau eine Zahl.
- Die Zahl gibt an, wie viele Quadrate in dem Rechteck enthalten sind.
- Zwei Rechtecke dürfen sich nicht überlappen.

4		2	4	
		5		
4			4	
		2		

7 Berechne den Umfang!

a) l = 640 m
b = 297 m
u = ________

b) s = 369 m
u = ________

c) l = 137 m
b = 86 m
u = ________

d) s = 745 m
u = ________

8 Alina hilft ihrem Opa beim Einzäunen seines Gartens.
Der Garten ist 56 m lang und 27 m breit.
Wie viel m Zaun benötigen die beiden?

A.: ______________________________

1 Rechenbäume

2 Setze die fehlenden Zahlen so ein, dass in jeder Längs-, Quer- und Eckreihe des Quadrates 18 herauskommt!

		6
	6	
		10

3 Gewichtsmaße: Ergänze die Tabelle!

kg	2 kg 39 dag		$\frac{1}{2}$ kg	
4 000 g	g	5 900 g	g	17 506 g

4 Sophie war im Supermarkt. Sie kaufte 3 kg Zwiebeln, 700 g Bananen, 1 Packung Butter (250 g), 1 kg Brot, 4 kg Kartoffeln und 20 dag Käse.

Wie schwer ist Sophies Einkauf?
Gib das Ergebnis in den einzelnen Gewichtsmaßen an!

A.: ______________________

5 Multipliziere und ordne die Ergebnisse der Größe nach!
Beginn mit dem kleinsten!

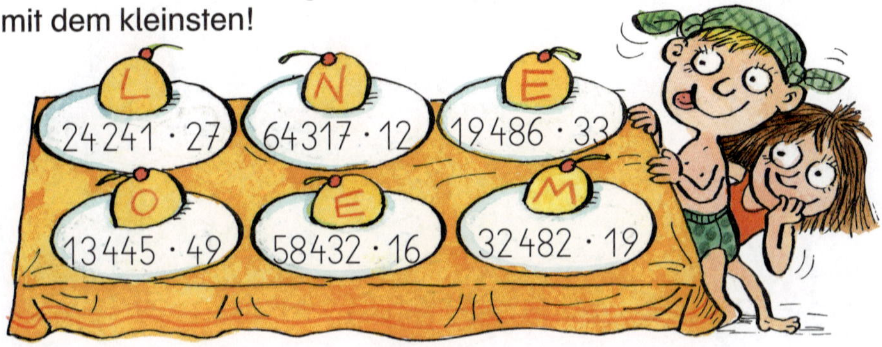

Lösungswort: ___ ___ ___ ___ ___ ___

6 Sudoku

♥			
		●	
	*		●
			◆

7 Berechne die gesuchte Seite!

a) u = 766 dm
l = 238 dm
____

b) u = 1632 mm
____

c) u = 4462 cm
b = 725 cm
____

d) u = 372 m
____

8 Bauer Sepp hat eine quadratische Kuhweide mit einer Seitenlänge von 187 m. Die Kuhweide von Bauer Franz ist 238 m lang und 156 m breit. Beide bauen für ihre Weide einen neuen Zaun.
a) Wie viel m Zaun benötigt Bauer Franz?
b) Wer benötigt um wie viele m mehr Zaun?

A. a): ______________________________

A. b): ______________________________

____

____

1 Spiegelbilder: Welcher Abdruck gehört zu welchem Stempel?

2 Sudoku

	5	1			
4				2	
		2		4	
		5			
				6	4
	2				

3 Was sagen die Kinder?

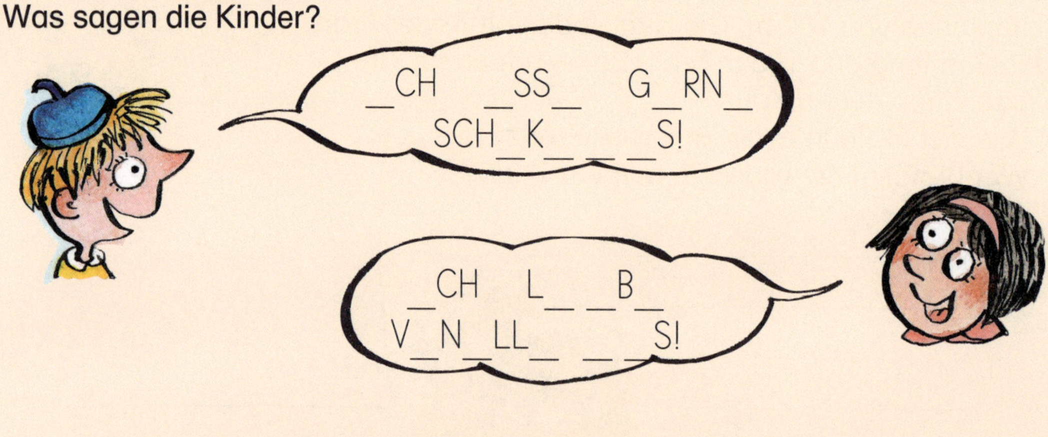

4 Diese Bilder sind noch nicht symmetrisch!

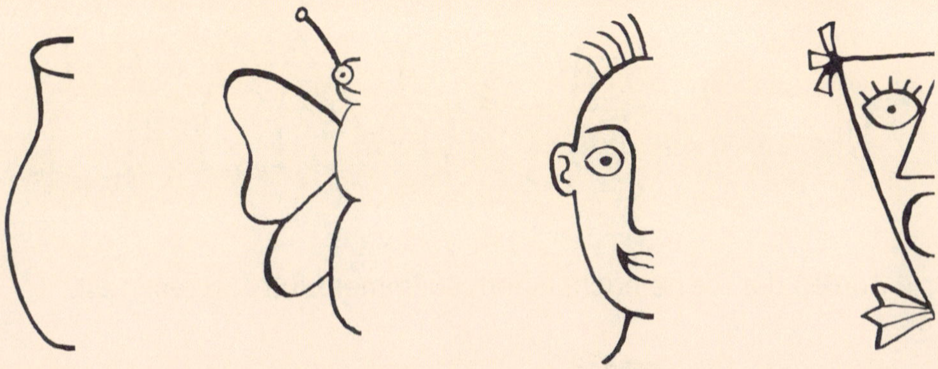

5 Zahlen-Suchsel
Finde die folgenden Zahlen:

6	1	3	4	6	8	8	4	9	2
7	6	6	5	5	4	6	5	1	2
0	1	1	4	4	2	0	9	7	4
3	3	8	6	9	5	6	8	9	2
3	6	6	5	4	6	8	1	7	8
5	2	1	3	5	4	0	2	5	7
6	9	5	0	7	4	2	7	2	8
1	5	4	3	9	3	2	1	1	7
4	1	4	7	3	0	8	4	2	0
9	5	8	6	5	4	8	3	4	6

6 Hier haben sich 10 Buchstaben versteckt. Kreise sie ein und baue damit 5 Wörter!

1 Rechenmauern

2 Verbinde die Zahlen der Reihe nach, indem du immer plus 456 rechnest.
Starte bei 1!

3 Setze ein: = oder ≠?

2 kg 30 dag	◯	23 dag
435 dag	◯	4 kg 35 dag
4 kg 2 dag	◯	420 dag
1000 g	◯	100 dag
786 dag	◯	7 kg 86 dag
1000 dag	◯	1 kg

4 Bei einem Autorennen braucht ein Auto für eine Runde ungefähr 1 min 30 s.
Wie lange dauert das Rennen, wenn 80 Runden gefahren werden?
Gib das Ergebnis in Stunden an!

A.: ______________________________

5 Dividiere im Heft, schreibe die Ergebnisse auf und ordne sie der Größe nach. Beginne mit dem kleinsten! Findest du das Lösungswort?

Lösungswort: ____ ____ ____ ____ ____ ____ !

6 Welche Zahl fehlt?

3 6 10 13 ____ 20 24 27 31

7 Berechne den Umfang der Gemüsebeete im Kopf oder in deinem Heft!

Wie viel Meter Zaun benötigen die Kinder der Klasse 4c für all ihre Gemüsebeete?

Sie benötigen ______ m Zaun.

8 Der Unterschied zwischen zwei Zahlen beträgt 418.
Die größere Zahl heißt 726.
Wie heißt die kleinere Zahl?

A.: ______________________________

1 Ergänze die fehlenden Zahlen! Male die Ergebniszahlen an oder hake sie ab. Eine Zahl bleibt übrig.

1000 − ___ = 483	436 − ___ = 147	1000 − ___ = 183
832 − ___ = 473	1000 − ___ = 254	

2 Suche folgende Wörter im Buchstabensalat!

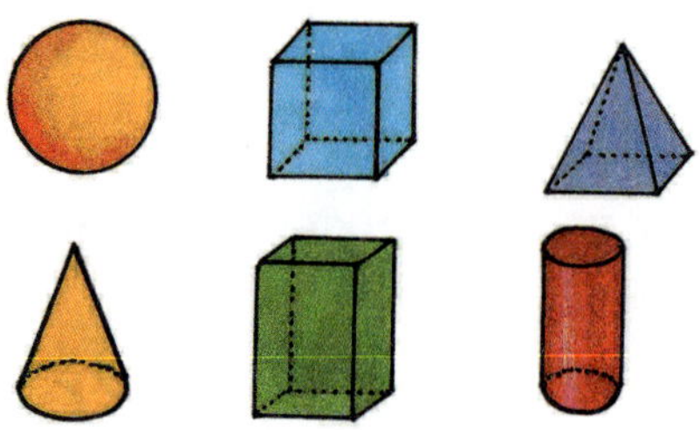

O	E	B	A	P	W	U	R	M	T	E	L
A	B	T	Z	Y	L	I	N	D	E	R	O
Z	U	S	F	R	O	L	D	X	F	U	V
W	Ü	R	F	E	L	I	T	Z	R	E	B
B	H	K	A	A	T	O	L	H	L	D	F
E	N	U	E	L	D	Q	U	A	D	E	R
K	E	G	E	L	A	Z	U	E	Y	R	W
M	B	E	E	P	Y	R	A	M	I	D	E
V	R	L	F	N	E	E	R	K	R	O	H
G	I	M	T	U	C	I	E	Y	C	N	R

3 Zeichne die cm² ein und berechne die Flächen im Kopf!

l = 4 cm
b = 3 cm
A = ________

s = 3 cm
A = ________

4 Auf einem Grundstück (l = 14 m, b = 8 m) wird eine Hütte (s = 6 m) errichtet. Wie viel Wiesenfläche bleibt übrig?

A.: ________________________________

5 Multipliziere! Kontrolliere: Die Summe der Ergebnisse ergibt die Zahl 828 693.

7843 · 34 ______

3974 · 72 ______

2042 · 65 ______

4937 · 29 ______

6 Verbinde die Ergebniszahlen der 8er-Reihe der Reihe nach!

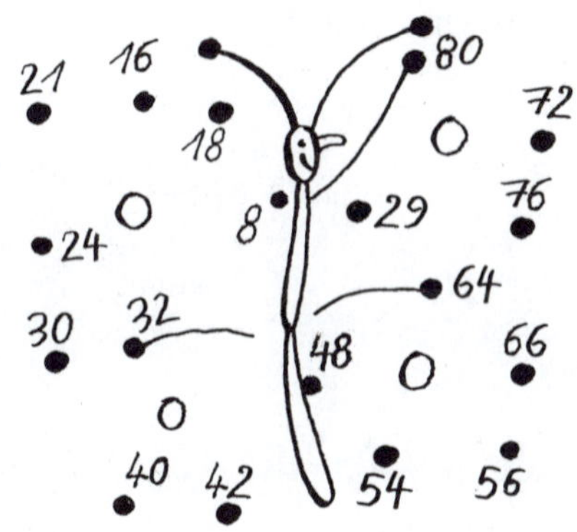

7 a) Wandle in mm um!

4 m = ______

7 dm 1 cm 3 mm = ______

27 cm 2 mm = ______

8 dm 3 mm = ______

b) Wandle in cm um!

1 150 mm = ______

2 m 5 dm 1 cm = ______

5 m 3 cm = ______

18 m = ______

8 Während der Schulzeit fährt Moritz täglich mit seinem Fahrrad zur Schule. Die Strecke von seinem Haus bis zur Schule ist 2 km 483 m lang.

a) Wie viele km und m legt er in einer Schulwoche zurück?

b) Wie viele km und m legt Moritz in 3 Schulwochen insgesamt zurück?

A. a): ______

A. b): ______

1 Addiere!

374	418	518	609	748
104	167	207	317	204
229	324	199	58	13
___	___	___	___	___

2 Verändere die Position eines Streichholzes und stelle so die Rechnung richtig!

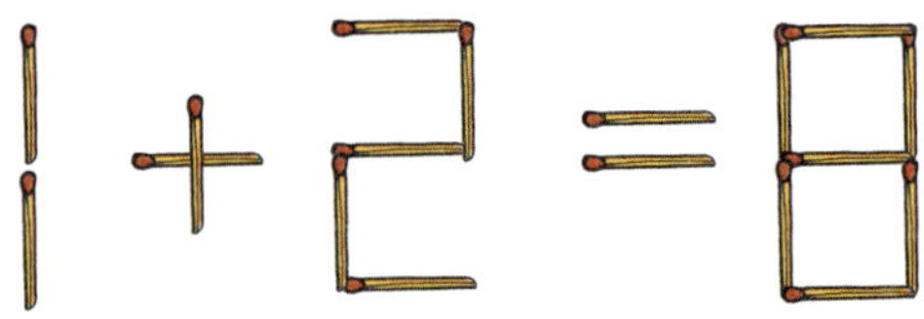

1 + 2 = 8

3 Mache zu mindestens zwei Angaben Zeichnungen in dein Heft, berechne dann alle vier Flächen und wandle um!

a) l = 65 mm
b = 40 mm
A = ______

c) l = 95 mm
b = 60 mm
A = ______

b) s = 85 mm
A = ______

d) s = 55 mm
A = ______

4 Jakob berechnet einen Flächeninhalt.
Seine Rechnung heißt:

$73\ cm^2 \cdot ? = 365\ cm^2 \qquad A = 365\ cm^2$

Wie lang und wie breit ist diese Fläche?

A.: ________________________

____

Welche Form hat diese Fläche?

A.: ________________________

5 Dividiere und male die Ergebnisse an oder streiche sie durch!

2246 : 39 = 8349 : 99 =

5376 : 67 = 3462 : 52 =

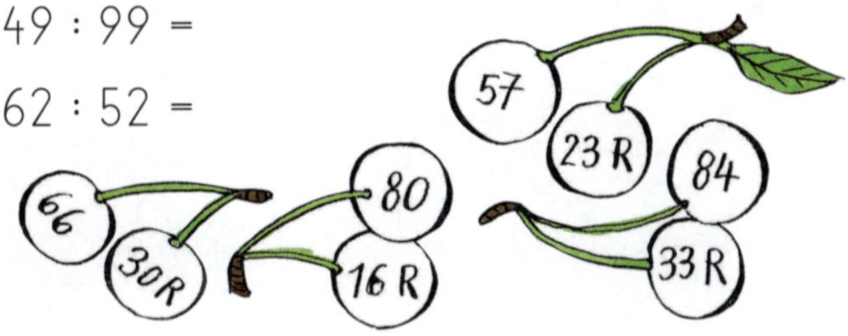

6 Rätsel: Sudoku

6					
		3			
4					6
				1	4
3			1	2	
	1		5		

7 a) Entdecke die einzelnen Maße!

384 cm = ____ m ____ dm ____ cm

597 mm = ______________________

703 dm = ______________________

3 491 mm = ______________________

b) Wandle in das angegebene Maß um!

6 000 cm = ____ m

37 cm = ____ mm

____ dm = 420 cm

____ km = 28 000 m

8 Vom Parkplatz zum Aussichtsturm sind es 5 km 478 m.
Familie Wunderlich legt zuerst 1 307 m, dann 683 m und später 2 039 m zurück.

Wie viele km und m ist die Familie noch vom Aussichtsturm entfernt?

A.: ______________________________________

1 Rechenbäume

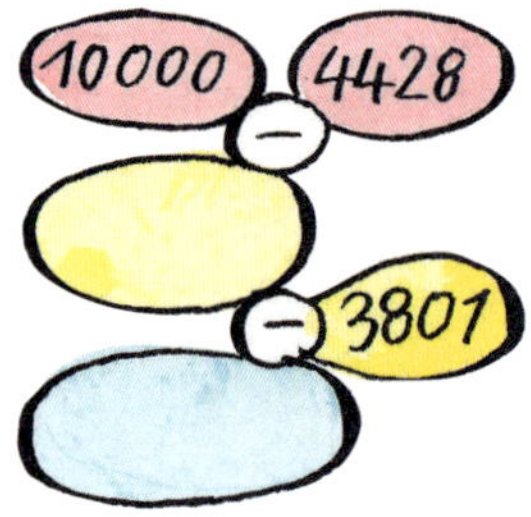

2 Kannst du diese Rechnungen und Ergebnisse lesen?
Schreibe sie richtig darunter und verbinde Rechnung und passendes Ergebnis!

3 Berechne die fehlenden Größen!

l	37 cm
b	
A	481 cm²

l	
b	42 dm
A	3 570 dm²

l	72 m
b	39 m
A	

l	
b	53 cm
A	4 664 cm²

4 Ein Rechteck hat eine Fläche von 4 234 m².
Die Breite beträgt 58 m.

Wie groß ist die Länge?

A.: ______________________

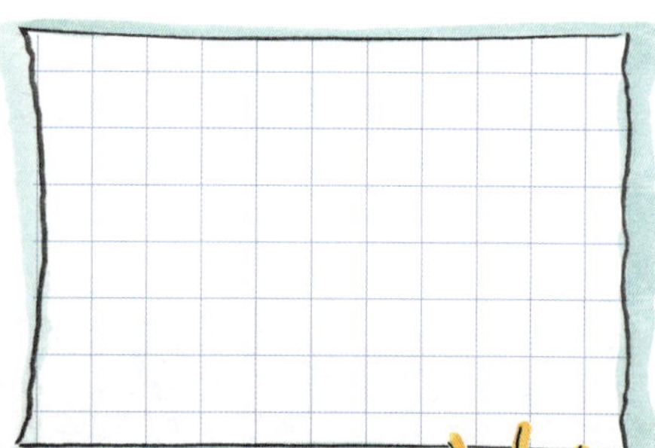

5 Multipliziere und kontrolliere anhand der Lösungszahlen!

6 Logische Zahlenreihe: Für welche Zahl steht das Fragezeichen?

49 50 25 28 7 12 

7 Vergleiche! Setze < , > oder = ein!

78 mm ◯ 7 cm 8 mm
6 km ◯ 600 m
3 m 4 dm ◯ 340 cm
54 cm ◯ 5 m

309 mm ◯ 3 dm 19 mm
6 m 3 cm ◯ 6 m 3 dm
5 km ◯ 5 m
8 dm 1 mm ◯ 801 mm

8 Eine Strecke ist 920 m lang.

a) Wie lang sind $\frac{3}{4}$ der Strecke?

b) Wie lang ist $\frac{1}{8}$ der Strecke?

A. a): ______________________

A. b): ______________________

1 Schreibe die Zahlen untereinander auf und rechne im Heft!

a) Addiere und male oder kreuze die Ergebnisse an!

437	225	716
469	347	574
508	74	499

b) Subtrahiere und male oder kreuze die Ergebnisse an!

8 459	3 617
6 733	2 824
9 155	6 301

2 Rätsel: In wie vielen Minuten treffen sich Zahra und Leni?

A.: ______________________________

3 Verbinde mit dem Lineal die Punkte! Kontrolliere mit dem Geodreieck und zeichne ⊾ ein! Bemal Winkel, die größer als ⊾ sind, rot, und Winkel, die kleiner als ⊾ sind, blau!

4 Die neue Pferdekoppel von Herrn Hurtig hat einen Umfang von 3 470 dm. Die Länge der Koppel beträgt 97 m 5 dm.

a) Wie breit ist die Pferdekoppel? (in m)

b) Wie viel Grünfläche steht den Pferden zur Verfügung? (in m²)

A. a): ______________________________

A. b): ______________________________

____

5 Divisionen ohne Rest!
Male die Ergebnisse an oder hake sie ab!

6 Verbinde die Ergebniszahlen der 5er-Reihe!

7 a) Wandle in das kleinere Maß um!

	dm^2	dm^2	cm^2	cm^2		
1 dm^2 →		1	0	0	=	100 cm^2
3 dm^2 →					=	
8 dm^2 →					=	
9 dm^2 →					=	

b) Entdecke die einzelnen Maße!

	dm^2	dm^2	cm^2	cm^2		
558 cm^2 →					=	___ dm^2 ___ cm^2
400 cm^2 →					=	
617 cm^2 →					=	
909 cm^2 →					=	

8 Ein rechteckiger Parkplatz hat eine Fläche von 204 m^2.
Die Länge beträgt 17 m.

Wie groß ist die Breite?

A.: ______________________________

1 Größer oder kleiner? Setze die Zahlen von 2 bis 4 richtig in die leeren Kästchen ein!

	<		<		=	4	=	4
∧		=		∨		∨		∨
3	=		=	3	=		=	
=		∧		∨		∨		=
	<	4	>		=		<	3

2 Wörtersuchsel
Finde die englischen Wörter für folgende Farben:
blau, rot, grün, gelb, braun, schwarz

X	A	Y	E	L	L	O	W	B	R	O	N
R	E	O	M	Z	G	I	S	M	A	J	E
D	B	R	O	S	R	B	D	I	L	M	N
P	G	E	H	A	E	T	B	L	A	C	K
A	C	D	I	O	E	M	T	S	R	O	B
F	B	L	U	E	N	E	B	R	O	W	N

3 Rechne immer plus 27, starte bei 0!

LÖSUNGEN

4

VERITAS
Gemeinsam besser lernen

Zum Heraustrennen dieses Lösungsheftes die mittlere Klammer lösen.

Liebe Eltern!

Mit diesem Ferienheft kann Ihr Kind die wichtigsten Inhalte des vergangenen Schuljahres während der Ferien wiederholen und festigen. Damit steigt es **bestens vorbereitet in die nächste Klasse** ein – ein klarer Vorteil für die weitere Schullaufbahn!
Die Inhalte werden dabei abwechslungsreich gemischt, mit spielerischen Elementen gewürzt und in 15 gut verdaulichen Tagesportionen angeboten, die die Kinder weitgehend selbstständig bewältigen können.

So können Sie Ihr Kind dabei unterstützen:

- Legen Sie gemeinsam drei Lernwochen oder 15 Lerntage fest und achten Sie auf die Einhaltung. Manchmal kann es auch hilfreich sein, eine Seite gemeinsam anzugehen!
- Mit den **herausnehmbaren Lösungen** können Sie die Ergebnisse eines Lerntages rasch kontrollieren oder das Kind selber überprüfen lassen.
- **Alle Lösungen** sind **in hellblauer Lösungsschrift** eingetragen, zeichnerische Lösungen eingezeichnet. Bisweilen gibt es neben der angegebenen Lösung noch weitere, individuell verschiedene.
- Mit den Mathe-Check Seiten (Seite 40 bis 47) kann der Lernerfolg überprüft werden.
- Zu guter Letzt: Die Reise durch die Aufgaben und Rätsel soll für Ihr Kind ein Vergnügen sein und Spaß machen! Dann ist der Lernerfolg am größten.

Einen schönen Sommer wünschen Ihnen
Catherine Salomon und Jutta Schabhüttl

1 Addiere und male die Ergebnisfrösche an oder kreise sie bunt ein – 1 Frosch bleibt übrig!

2 Sudoku: Jede Zahl (1–4) darf in jeder Reihe, Spalte und jedem Block nur einmal vorkommen!

4	3	1	2
2	1	3	4
1	2	4	3
3	4	2	1

3 Beschrifte!

Pyramide Würfel Kegel Quader Zylinder Kugel

4 Niki ist 9 Jahre und 6 Monate alt, sein Bruder Markus ist um 20 Monate älter. Johannes, der jüngste Bruder, ist um 128 Monate jünger als Markus.
a) Wie alt ist Markus?
b) Wie alt ist Johannes?

A. a): Markus ist 11 Jahre und 2 Monate alt.
A. b): Johannes ist (6) Monate alt.

114
20
134 = 11 J 2 M
134
– 128
(6)

6

5 Je drei Zahlen ergeben eine Multiplikationsaufgabe!

45 · 8 = 360
27 · 9 = 243
38 · 6 = 228
56 · 7 = 392

6 Setze die fehlenden Zahlen so ein, dass in jeder Längs-, Quer- und Eckreihe des Quadrates 39 herauskommt!

9	16	14
18	13	8
12	10	17

7 Wie heißen die Bruchteile?

$\frac{2}{8} = \frac{1}{4}$ $\frac{2}{4} = \frac{1}{2}$ $\frac{8}{8}$ $\frac{1}{2}$ $\frac{4}{4}$ $\frac{7}{8}$ $\frac{1}{4}$

8 Marie will in den Sommerferien ein sehr dickes Buch lesen. In der ersten Woche liest sie täglich 16 Seiten, in der zweiten Woche schafft sie doppelt so viel. In der dritten Woche ist sie zwei Tage krank und schafft nur $\frac{5}{8}$ der Seitenzahl der zweiten Woche. In der 4. Woche liest Marie nur 92 Seiten. Sie wäre fertig gewesen, wenn sie um 15 Seiten weniger als in der 1. Woche gelesen hätte.

a) Wie viele Seiten bleiben übrig?
b) Wie viele Seiten hat das Buch?

A. a): (5) Seiten bleiben übrig.
A. b): Das Buch hat 573 Seiten.

16 · 7 = 112
112 · 2 = 224
224 : 8 = 28 · 5
64 140
0R
112 + 224 + 140 + 92 = 568
112 + 224 + 140 + 97 = 573
573 – 568 = (5)

5

1 Subtrahiere und male die Ergebniszahlen bunt an!

1000	516	389	1000	654	404
− 328	− 209	− 328	− 437	− 508	− 364
672	307	61	563	146	40

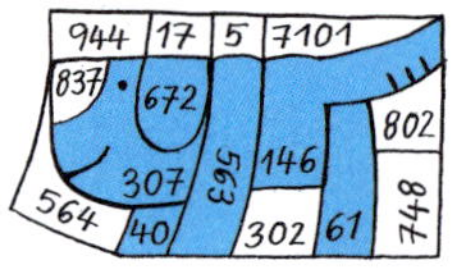

2 Verbinde die Zahlen der Reihe nach, indem du immer plus 14 rechnest. Starte bei 14!

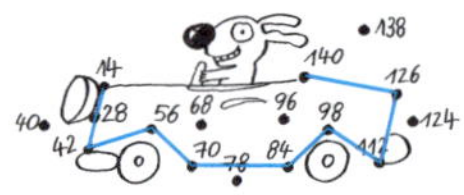

3 Male mit Buntstift die angegebenen Flächen des Quaders an!

links – rechts | vorne | oben – unten | hinten

4 Caroline geht mit ihrem Hund täglich 2 km 380 m spazieren. Am Samstag und am Sonntag geht sie sogar 3 km 850 m gemeinsam mit ihren Eltern.

Wie viele km und m legen Caroline und ihr Hund in einer Woche zurück?

A.: Sie legen in einer Woche 19 km 600 m zurück.

2 380 m · 5
11 900 m

3 850 m · 2
7 700 m

11 900 m
7 700 m
19 600 m =
19 km 600 m

5 Divisionen ohne Rest! Kontrolliere anhand der Ergebnisherzen.

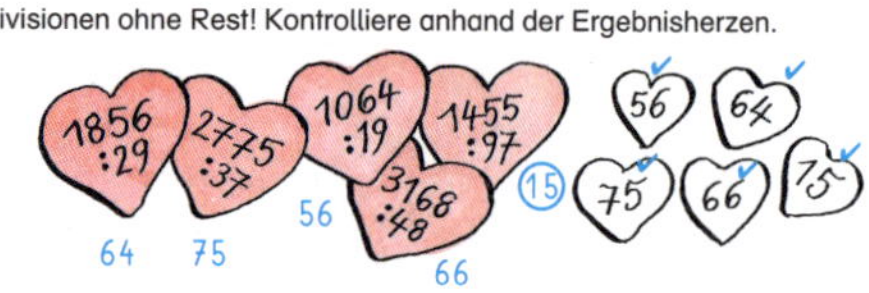

6 Schau dir die Farben- und Figurenfolge genau an. Was kommt an Stelle der Fragezeichen?

7 Addiere oder subtrahiere die angegebenen Brüche!

$\frac{3}{8} + \frac{4}{8} = \frac{7}{8}$ $\frac{1}{4} + \frac{3}{8} = \frac{5}{8}$ $\frac{3}{4} - \frac{1}{4} = \frac{2}{4}$ $\frac{5}{8} - \frac{2}{8} = \frac{3}{8}$

$\frac{1}{4} + \frac{2}{4} = \frac{3}{4}$ $\frac{2}{8} + \frac{1}{2} = \frac{6}{8}$ $\frac{6}{8} - \frac{4}{8} = \frac{2}{8}$ $1 - \frac{1}{2} = \frac{1}{2}$

8 In einer Regentonne befinden sich 160 l Wasser.
In einer Woche werden die Hälfte und $\frac{3}{8}$ zum Gießen verwendet.

a) Wie viele Liter befinden sich noch in der Tonne?
b) Wie viele Liter wurden vergossen?

A. a): In der Tonne befinden sich noch 20 l.
A. b): Es wurden 140 l vergossen.

$\frac{1}{2} + \frac{3}{8} = \frac{7}{8}$
160 l : 8 = 20 l
20 l · 7
140 l

1 Du kannst aus den Zahlen im Kästchen 3 Additionen bilden!

473	387	349
251	504	629
724	891	978

2 Wie viele Flächen hat jede Figur insgesamt?

1 Würfel hat 6 Flächen!

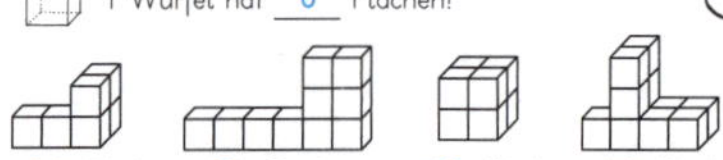

36 Flächen 60 Flächen 48 Flächen 66 Flächen

3 Rechne so lange, bis das Ergebnis aus aufeinanderfolgenden Ziffern (z. B.: 1 234, 45 678) besteht!

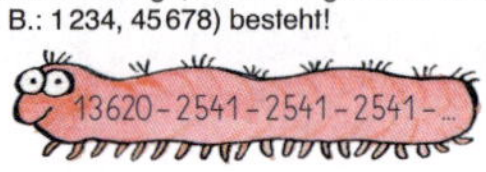

Das Ergebnis lautet: 3 456

13 620
− 2 541
11 079
− 2 541
8 538

8 538
− 2 541
5 997
− 2 541
3 456

4 In der Schulaula findet an 2 Tagen eine Schulaufführung statt. Dabei werden folgende Besucherzahlen gezählt:

	Mamas	Papas	zusammen
1. Aufführung	238	179	417
2. Aufführung	195	214	409
gesamt	433	393	826

Rechne die fehlenden Zahlen aus und trage sie anschließend in die Tabelle ein!

433 − 238 = 195 393 − 214 = 179 417 + 409 = 826 oder 417 − 238 = 179 409 − 214 = 195 433 + 393 = 826

5 Multipliziere geschickt (Einservorteil)!

56397 · 16	81473 · 12	40439 · 18
338382	162946	323512
902352	977676	727902
61183 · 14	38765 · 19	26842 · 17
244732	348885	187894
856562	736535	456314

6 Zahlengitter: Trage die folgenden Zahlen richtig in das Gitter ein:
49315, 84648,
6434748374,
8798275542,
8283982427

	5				5			5		
10	8	2	8	3	9	8	2	4	2	7
	4				8			9		
10	6	4	3	4	7	4	8	3	7	4
	4				4			1		
10	8	7	9	8	2	7	5	5	4	2

7 a) Ergänze auf ein Ganzes!

$\frac{1}{4} + \frac{3}{4} = 1$ $\frac{2}{4} + \frac{1}{4} + \frac{1}{4} = 1$

$\frac{1}{8} + \frac{7}{8} = 1$ $\frac{3}{8} + \frac{2}{8} + \frac{3}{8} = 1$

$\frac{1}{2} + \frac{1}{2} = 1$ $\frac{1}{2} + \frac{1}{4} + \frac{1}{4} = 1$

b) Berechne!

$1\frac{3}{8} - \frac{3}{8} = 1$

$1\frac{2}{4} - \frac{2}{4} = 1$

$1\frac{6}{8} - \frac{6}{8} = 1$

8 In einer riesigen Zuckerdose befinden sich 104 Zuckerl.
In einer Woche verteilt die Lehrerin $\frac{6}{8}$ des gesamten Inhaltes.
Wie viele Zuckerl sind noch in der Dose?

A.: In der Dose sind noch 26 Zuckerl.

104 : 8 = 13 · 2
24 26
0 R

1 Schreibe die Zahlen untereinander und subtrahiere!

1 000, 645 — 682, 674 — 894, 439 — 731, 486

1000	682	894	731
− 645	− 674	− 439	− 486
355	8	455	245

Kontrolliere anhand der Ergebniszahlen (male oder kreuze sie an)!
1 Zahl bleibt übrig.

2 Zauberquadrat: Addiere die Zahlen jeder senkrechten, jeder waagrechten und jeder diagonalen Reihe des Quadrates. Was fällt dir auf?

31	26	33
32	30	28
27	34	29

A.: Es kommt immer 90 heraus.

3 kg | kg | kg | dag | dag | g

4 kg = 400 dag
7 kg = 700 dag
2 kg 20 dag = 220 dag
8 kg 14 dag = 814 dag
6 kg 5 dag = 605 dag

300 dag = 3 kg
5 dag = 50 g
3 kg = 3 000 g
40 dag = 400 g
50 kg = 5 000 dag

4 Ein Auto wiegt 1 780 kg. Eine vierköpfige Familie fährt damit in den Tiergarten. Der Vater wiegt 86 kg, die Mutter 65 kg und Lena 42 kg. Wie viel wiegt der kleine Emil, wenn das Auto und die gesamte Familie 2 t wiegen?

1780 kg
86 kg
65 kg
42 kg
1973 kg

2000 kg
− 1973 kg
27 kg

A.: Emil wiegt 27 kg.

3

5 Bilde vier Divisionen! Male oder kreuze die Ergebnisse an.

6 Sikaku
Ziel des Spieles ist es, das Gitter in Rechtecke zu unterteilen, so dass die folgenden Regeln erfüllt sind:
- Jedes Rechteck enthält genau eine Zahl.
- Die Zahl gibt an, wie viele Quadrate in dem Rechteck enthalten sind.
- Zwei Rechtecke dürfen sich nicht überlappen.

4		2	4
		5	
4			4
		2	

Zwei Beispiele habe ich bereits für dich eingezeichnet!

7 Berechne den Umfang!

a) l = 640 m, b = 297 m, u = 1874 m
b) s = 369 m, u = 1476 m
c) l = 137 m, b = 86 m, u = 446 m
d) s = 745 m, u = 2980 m

8 Alina hilft ihrem Opa beim Einzäunen seines Gartens.
Der Garten ist 56 m lang und 27 m breit.
Wie viel m Zaun benötigen die beiden?

A.: Sie benötigen 166 m Zaun.

56 m
27 m
83 m

83 m · 2
166 m

21

1 Rechenbäume

2 Setze die fehlenden Zahlen so ein, dass in jeder Längs-, Quer- und Eckreihe des Quadrates 18 herauskommt!

2	10	6
10	6	2
6	2	10

3 Gewichtsmaße: Ergänze die Tabelle!

4 kg	2 kg 39 dag	5 kg 90 dag	$\frac{1}{2}$ kg	17 kg 50 dag 6 g
4 000 g	2 390 g	5 900 g	500 g	17 506 g

4 Sophie war im Supermarkt. Sie kaufte 3 kg Zwiebeln, 700 g Bananen, 1 Packung Butter (250 g), 1 kg Brot, 4 kg Kartoffeln und 20 dag Käse.

Wie schwer ist Sophies Einkauf?
Gib das Ergebnis in den einzelnen Gewichtsmaßen an!

A.: Sophies Einkauf wiegt 9 kg 15 dag.

3000 g
700 g
250 g
1000 g
4000 g
200 g
9150 g = 9 kg 15 dag

4

5 Multipliziere und ordne die Ergebnisse der Größe nach! Beginn mit dem kleinsten!

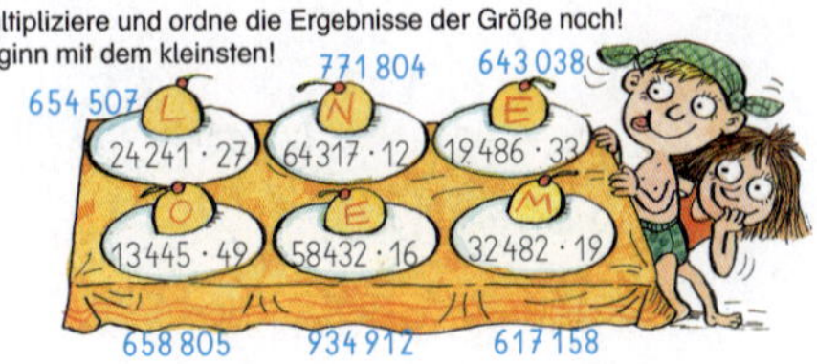

Lösungswort: M E L O N E

6 Sudoku

❤	●	◆	✱
✱	◆	●	❤
◆	✱	❤	●
●	❤	✱	◆

7 Berechne die gesuchte Seite!

a) u = 766 dm, l = 238 dm, b = 145 dm
b) u = 1632 mm, s = 408 mm
c) u = 4462 cm, b = 725 cm, l = 1 506 cm
d) u = 372 m, s = 93 m

8 Bauer Sepp hat eine quadratische Kuhweide mit einer Seitenlänge von 187 m. Die Kuhweide von Bauer Franz ist 238 m lang und 156 m breit. Beide bauen für ihre Weide einen neuen Zaun.
a) Wie viel m Zaun benötigt Bauer Franz?
b) Wer benötigt um wie viele m mehr Zaun?

A. a): Bauer Franz benötigt 788 m Zaun.
A. b): Bauer Franz benötigt um 40 m mehr Zaun.

187 m · 4
748 m

238 m
156 m
394 m · 2
788 m

788 m
− 748 m
40 m

40

1 Spiegelbilder: Welcher Abdruck gehört zu welchem Stempel?

2 Sudoku

2	5	1	4	3	6
4	3	6	5	2	1
1	6	2	3	4	5
3	4	5	6	1	2
5	1	3	2	6	4
6	2	4	1	5	3

3 Was sagen die Kinder?

ICH ESSE GERNE SCHOKO E IS!
MU

individuell

ICH LI EBE VANILLE E IS!
MU

4 Diese Bilder sind noch nicht symmetrisch!

5 Zahlen-Suchsel
Finde die folgenden Zahlen:

6	1	3	4	6	8	8	4	9	2
7	6	6	5	5	4	6	5	1	2
0	1	1	4	4	2	0	9	7	4
3	3	8	6	9	5	6	8	9	2
3	6	6	5	4	6	8	1	7	8
5	2	1	3	5	4	0	2	5	7
6	9	5	0	7	4	2	7	2	8
1	5	4	3	9	3	2	1	1	7
4	1	4	7	3	0	8	4	2	0
9	5	8	6	5	4	8	3	4	6

6 Hier haben sich 10 Buchstaben versteckt. Kreise sie ein und baue damit 5 Wörter!

individuell
zum Beispiel: Nase
Stein, Liane, rasten,
Last, Nest, Stiel,
rein ...

1 Rechenmauern

2 Verbinde die Zahlen der Reihe nach, indem du immer plus 456 rechnest. Starte bei 1!

3 Setze ein: = oder ≠?

2 kg 30 dag	≠	23 dag
435 dag	=	4 kg 35 dag
4 kg 2 dag	≠	420 dag
1000 g	=	100 dag
786 dag	=	7 kg 86 dag
1000 dag	≠	1 kg

4 Bei einem Autorennen braucht ein Auto für eine Runde ungefähr 1 min 30 s.
Wie lange dauert das Rennen, wenn 80 Runden gefahren werden?
Gib das Ergebnis in Stunden an!

A.: Das Rennen dauert 2 Stunden.

90 s · 80
7200 s = 120 min
= 2 h

2

5 Dividiere im Heft, schreibe die Ergebnisse auf und ordne sie der Größe nach. Beginne mit dem kleinsten! Findest du das Lösungswort?

82	I	5658 : 69
79	P	4819 : 61
84	T	6804 : 81
24	S	2232 : 93
99	E	8613 : 87
87	Z	2958 : 34

Lösungswort: S P I T Z E !

6 Welche Zahl fehlt?

3 (+3) 6 (+4) 10 (+3) 13 (+4) 17 (+3) 20 (+4) 24 (+3) 27 (+4) 31

7 Berechne den Umfang der Gemüsebeete im Kopf oder in deinem Heft!

l = 6 m, b = 3 m, u = 18 m
s = 8 m, u = 32 m
l = 3 m, b = 1 m, u = 8 m
s = 13 m, u = 52 m

Wie viel Meter Zaun benötigen die Kinder der Klasse 4c für all ihre Gemüsebeete?
Sie benötigen 110 m Zaun.

8 Der Unterschied zwischen zwei Zahlen beträgt 418.
Die größere Zahl heißt 726.
Wie heißt die kleinere Zahl?

A.: Die kleinere Zahl heißt 308.

726
− 418
308

8

1 Ergänze die fehlenden Zahlen! Male die Ergebniszahlen an oder hake sie ab. Eine Zahl bleibt übrig.

1000 − 517 = 483	436 − 289 = 147	1000 − 817 = 183
832 − 359 = 473	1000 − 746 = 254	

2 Suche folgende Wörter im Buchstabensalat!

O	E	B	A	P	W	U	R	M	T	E	L
A	B	T	Z	Y	L	I	N	D	E	R	O
Z	U	S	F	R	O	L	D	X	F	U	V
W	Ü	R	F	E	L	I	T	Z	R	E	B
B	H	K	A	A	T	O	L	H	L	D	F
E	N	U	E	L	D	Q	U	A	D	E	R
K	E	G	E	L	A	Z	U	E	Y	R	W
M	B	E	E	P	Y	R	A	M	I	D	E
V	R	L	F	N	E	E	R	K	R	O	H
G	I	M	T	U	C	I	E	Y	C	N	R

3 Zeichne die cm² ein und berechne die Flächen im Kopf!

l = 4 cm
b = 3 cm
A = 12 cm²

s = 3 cm
A = 9 cm²

A = l · b
A = s · s

4 Auf einem Grundstück (l = 14 m, b = 8 m) wird eine Hütte (s = 6 m) errichtet. Wie viel Wiesenfläche bleibt übrig?

14 m² · 8 = 112 m²
6 m² · 6 = 36 m²
112 m² − 36 m² = 76 m²

A.: 76 m² Wiesenfläche bleiben übrig.

9

5 Multipliziere! Kontrolliere: Die Summe der Ergebnisse ergibt die Zahl 828693.

7843 · 34	3974 · 72	2042 · 65	4937 · 29
23529	27818	12252	9874
31372	7948	10210	44433
266662	286128	132730	143173

266662
286128
132730
143173
828693

6 Verbinde die Ergebniszahlen der 8er-Reihe der Reihe nach!

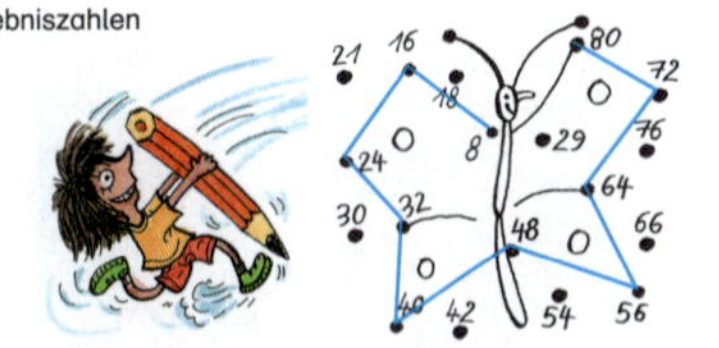

7 a) Wandle in mm um!

km m m m dm cm mm

4 m = 4000 mm
7 dm 1 cm 3 mm = 713 mm
27 cm 2 mm = 272 mm
8 dm 3 mm = 803 mm

b) Wandle in cm um!

1150 mm = 115 cm
2 m 5 dm 1 cm = 251 cm
5 m 3 cm = 503 cm
18 m = 1800 cm

8 Während der Schulzeit fährt Moritz täglich mit seinem Fahrrad zur Schule. Die Strecke von seinem Haus bis zur Schule ist 2 km 483 m lang.

a) Wie viele km und m legt er in einer Schulwoche zurück?
b) Wie viele km und m legt Moritz in 3 Schulwochen insgesamt zurück?

2483 m · 10 = 24830 m; 24830 m · 3 = 74490 m
oder
2483 m · 2 = 4966 m; 4966 m · 5 = 24830 m; 24830 m · 3 = 74490 m

A. a): In einer Woche legt er 24 km 830 m zurück.
A. b): In 3 Wochen legt Moritz 74 km 490 m zurück.

115

1 Addiere!

374	418	518	609	748
104	167	207	317	204
229	324	199	58	13
707	909	924	984	965

2 Verändere die Position eines Streichholzes und stelle so die Rechnung richtig!

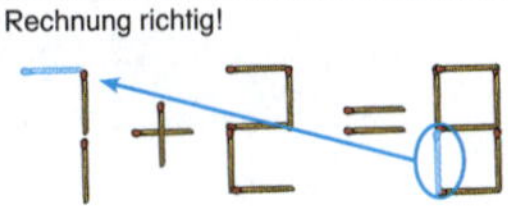

3 Mache zu mindestens zwei Angaben Zeichnungen in dein Heft, berechne dann alle vier Flächen und wandle um!

a) l = 65 mm
b = 40 mm
A = 26 cm²

b) s = 85 mm
A = 72 cm² 25 mm²

c) l = 95 mm
b = 60 mm
A = 57 cm²

d) s = 55 mm
A = 30 cm² 25 mm²

4 Jakob berechnet einen Flächeninhalt. Seine Rechnung heißt:
73 cm² · ? = 365 cm² A = 365 cm²
Wie lang und wie breit ist diese Fläche?

365 cm² : 73 = 5 cm
0 R

A.: Diese Fläche ist 73 cm lang und 5 cm breit.

Welche Form hat diese Fläche?
A.: Diese Fläche ist ein Rechteck.

5

5 Dividiere und male die Ergebnisse an oder streiche sie durch!

2246 : 39 = 57 R23
5376 : 67 = 80 R16
8349 : 99 = 84 R33
3462 : 52 = 66 R30

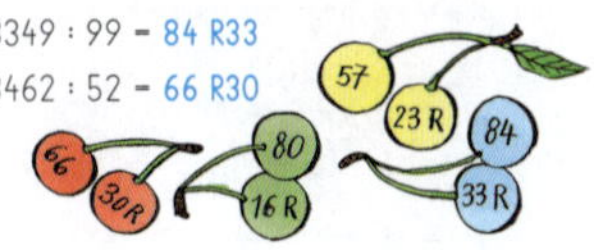

6 Rätsel: Sudoku

6	2	5	4	3	1
1	5	3	6	4	2
4	3	1	2	5	6
5	6	2	3	1	4
3	4	6	1	2	5
2	1	4	5	6	3

7 a) Entdecke die einzelnen Maße!

384 cm = 3 m 8 dm 4 cm
597 mm = 5 dm 9 cm 7 mm
703 dm = 70 m 3 dm
3491 mm = 3 m 4 dm 9 cm 1 mm

b) Wandle in das angegebene Maß um!

6000 cm = 60 m
37 cm = 370 mm
42 dm = 420 cm
28 km = 28000 m

8 Vom Parkplatz zum Aussichtsturm sind es 5 km 478 m. Familie Wunderlich legt zuerst 1307 m, dann 683 m und später 2039 m zurück.
Wie viele km und m ist die Familie noch vom Aussichtsturm entfernt?

A.: Die Familie ist noch 1 km 449 m entfernt.

1307 m + 683 m + 2039 m = 4029 m
5478 m − 4029 m = 1449 m

28

1 Rechenbäume

Rechenbaum 1		
9752	–	4823
4929	–	1196
3733		

Rechenbaum 2		
10000	–	4428
5572	–	3807
1771		

2 Kannst du diese Rechnungen und Ergebnisse lesen?
Schreibe sie richtig darunter und verbinde Rechnung und passendes Ergebnis!

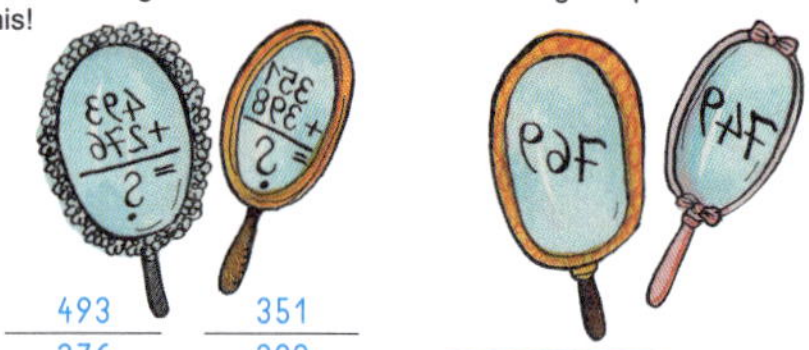

493 + 276 = 769 | 351 + 398 = 749 | 769 | 749

3 Berechne die fehlenden Größen!

l	37 cm	l	85 dm	l	72 m	l	88 cm
b	(13) cm	b	42 dm	b	39 m	b	53 cm
A	481 cm²	A	3570 dm²	A	2808 m²	A	4664 cm²

4 Ein Rechteck hat eine Fläche von 4234 m².
Die Breite beträgt 58 m.

4234 m² : 58 = 73 m
174
00 R

Wie groß ist die Länge?

A.: Die Länge beträgt 73 m.

13

5 Multipliziere und kontrolliere anhand der Lösungszahlen!

6 Logische Zahlenreihe: Für welche Zahl steht das Fragezeichen?

49 50 25 28 7 12 ?
+1 :2 +3 :4 +5 :6

Das ? steht für die Zahl 2.

7 Vergleiche! Setze <, > oder = ein!

78 mm = 7 cm 8 mm
6 km > 600 m
3 m 4 dm = 340 cm
54 cm < 5 m

309 mm < 3 dm 19 mm
6 m 3 cm < 6 m 3 dm
5 km > 5 m
8 dm 1 mm = 801 mm

8 Eine Strecke ist 920 m lang.

a) Wie lang sind $\frac{3}{4}$ der Strecke?

b) Wie lang ist $\frac{1}{8}$ der Strecke?

A. a): $\frac{3}{4}$ der Strecke ist 690 m lang.

A. b): $\frac{1}{8}$ der Strecke ist (115) m lang.

920 m : 4 = 230 m · 3
12 690 m
00 R

920 m : 8 = 115 m
12
40
0 R

115

1 Schreibe die Zahlen untereinander auf und rechne im Heft!

a) Addiere und male oder kreuze die Ergebnisse an!

437	225	716	1378
469	347	574	1390
508	74	499	1081

b) Subtrahiere und male oder kreuze die Ergebnisse an!

8459	3617	4842
6733	2824	3909
9155	6301	2854

2 Rätsel: In wie vielen Minuten treffen sich Zahra und Leni?

A.: Zahra und Leni treffen sich in 40 Minuten.

3 Verbinde mit dem Lineal die Punkte! Kontrolliere mit dem Geodreieck und zeichne ⊾ ein! Bemal Winkel, die größer als ⊾ sind, rot, und Winkel, die kleiner als ⊾ sind, blau!

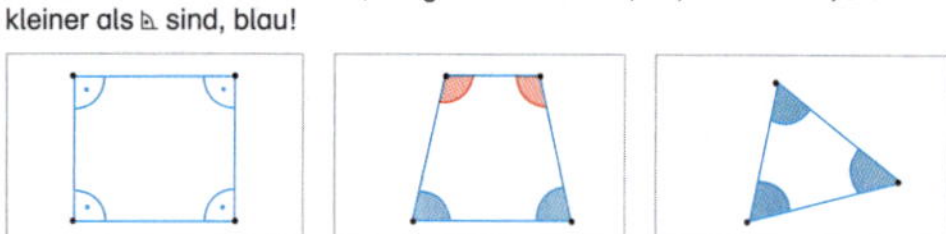

4 Die neue Pferdekoppel von Herrn Hurtig hat einen Umfang von 3470 dm.
Die Länge der Koppel beträgt 97 m 5 dm.

a) Wie breit ist die Pferdekoppel? (in m)

b) Wie viel Grünfläche steht den Pferden zur Verfügung? (in m²)

A. a): Die Pferdekoppel ist (76) m breit.

A. b): Den Pferden stehen 7410 m² Grünfläche zur Verfügung.

3470 dm : 2 = 1735 dm
14
07
10
0 R

1735 dm
– 975 dm
760 dm = (76) m

975 dm · 760 dm
6825
58500
741000 dm² =
7410 m²

76

5 Divisionen ohne Rest!
Male die Ergebnisse an oder hake sie ab!

6 Verbinde die Ergebniszahlen der 5er-Reihe!

7 a) Wandle in das kleinere Maß um!

	dm²	dm²	cm²	cm²	
1 dm² →		1	0	0	= 100 cm²
3 dm² →		3	0	0	= 300 cm²
8 dm² →		8	0	0	= 800 cm²
9 dm² →		9	0	0	= 900 cm²

b) Entdecke die einzelnen Maße!

	dm²	dm²	cm²	cm²	
558 cm² →		5	5	8	= 5 dm² 58 cm²
400 cm² →		4	0	0	= (4) dm²
617 cm² →		6	1	7	= 6 dm² 17 cm²
909 cm² →		9	0	9	= 9 dm² 9 cm²

8 Ein rechteckiger Parkplatz hat eine Fläche von 204 m².
Die Länge beträgt 17 m.

Wie groß ist die Breite?

A.: Die Breite beträgt 12 m.

204 m² : 17 = 12 m
34
0 R

4

1 Größer oder kleiner? Setze die Zahlen von 2 bis 4 richtig in die leeren Kästchen ein!

2	<	3	<	4	-	4	-	4
∧		-		∨		∨		∨
3	-	3	-	3	-	3	-	3
-		∧		∨		∨		-
3	<	4	>	2	-	2	<	3

2 Wörtersuchsel
Finde die englischen Wörter für folgende Farben:
blau, rot, grün, gelb, braun, schwarz

X	A	Y	E	L	L	O	W	B	R	O	N
R	E	O	M	Z	G	I	S	M	A	J	E
D	B	R	O	S	R	B	D	I	L	M	N
P	G	E	H	A	E	T	B	L	A	C	K
A	C	D	I	O	E	M	T	S	R	O	B
F	B	L	U	E	N	E	B	R	O	W	N

3 Rechne immer plus 27, starte bei 0!

4 Zähle alle Zahlen zusammen! Ergebnis: 65

5 Welches Wort wird gesucht?

6 Farbsudoku

1 Schreibe die Zahlen untereinander in dein Heft und addiere! Trag die Ergebnisse in den Schmetterling ein!

individuell:

3751	zweitausendachthundertvierunddreißig, neunhundertsiebzehn
559	vierhunderteinundsiebzig, achtundachtzig
5911	fünftausendzweihundertacht, siebenhundertdrei
7657	siebentausendfünfundvierzig, sechshundertzwölf

2 Zauberquadrat: Addiere die Zahlen jeder senkrechten, jeder waagrechten und jeder diagonalen Reihe des Quadrates.
Welche Zahl fehlt in der Mitte?
Trage die Zahl im Quadrat ein!

70	65	72
71	69	67
66	73	68

3 Zeichne zu jeder Geraden mit deinem Geo-Dreieck 2 Parallele!

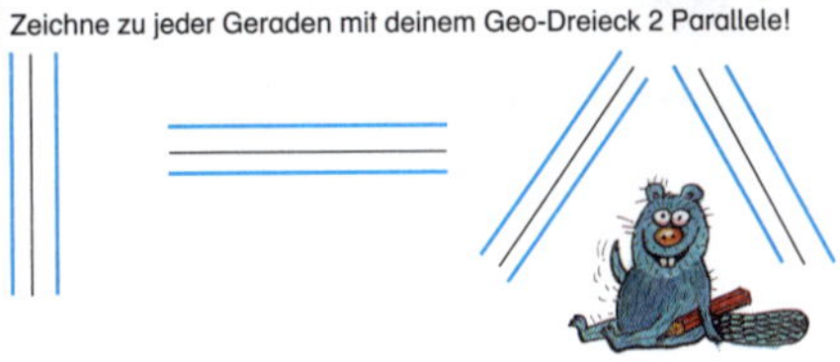

4 Nathalie bekommt zum Geburtstag 150 €.
Sie kauft vier Bücher um je 7 €, 3 Computerspiele um je 37 € und Süßigkeiten um 300 c.
Wie viel Geld kann sie nach diesem Einkauf in ihr Sparschwein werfen?

A.: Nach dem Einkauf kann sie (8) € in ihr Sparschwein werfen.

37 € · 3
111 €

150 €
− 142 €
(8€)

28 €
111 €
3 €
142 €

5 Multipliziere! Rechne geschickt (Einservorteil)!

753 644 800 059 468 065

6 Verbinde die Zahlen der Reihe nach, indem du immer minus 9 rechnest. Starte bei 229, das Ziel ist bei 49.

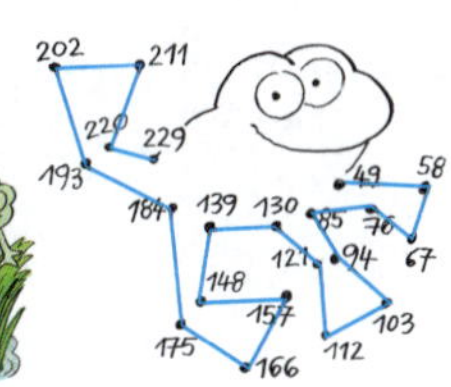

7 Wandle um!

3,70 € = 370 c 1,36 € = 1 € 36 c 428 c = 4 € 28 c
1,79 € = (179) c 4,90 € = 4 € 90 c 2 134 c = 21 € 34 c

8 Eine Frau kauft einen gebrauchten Kleinwagen um 6 227 €. Sie leistet eine Anzahlung und bezahlt den Rest in 12 Raten zu je 355 €.
Wie hoch ist die Anzahlung?

A.: Die Anzahlung beträgt 1 967 €.

355 € · 12
710
4260 €

6227 €
− 4260 €
1967 €

1 Schreibe die Zahlen auf und subtrahiere! Male oder kreuze die Ergebniszahlen an!

358 | 6H 4Z 3E, 2H 8Z 5E | | 4E 8H 6Z, 5Z 1E 8H | 13
763 | 1T 4H, 6H 3Z 7E | | 3Z 1E 6H, 4E 2H 6Z | 367

643	1400	864	631
- 285	- 637	- 851	- 264
358	763	13	367

2 Sikaku: Falls du vergessen hast, wie es geht ⟶ Erklärung siehe Seite 11!

3 Verbinde die Punkte so, dass Flächen entstehen!
Kontrolliere mit dem Geodreieck, ob rechte Winkel entstanden sind, und kennzeichne sie!

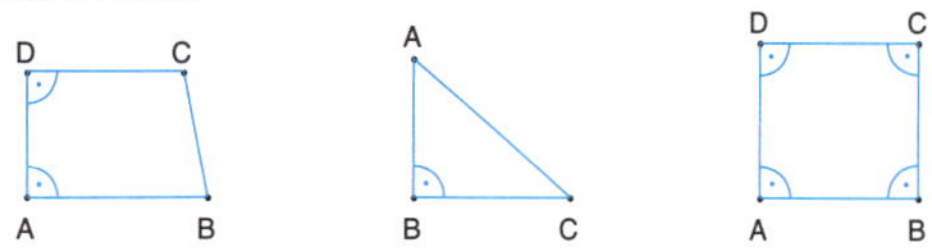

4 In einem großen Saal stehen 69 Tische.
Zu jedem Tisch gehören 16 Sessel.
Wie viele Leute haben in diesem Saal Platz?

69 · 16
414
1104

A.: In dem Saal haben 1 104 Leute Platz.

13

5 Dividiere und male das Ergebnis in der Birne und den dazugehörigen Rest im Apfel in der passenden Farbe an!

2479 : 42 = 59 R1 8923 : 98 = 91 R5 7737 : 65 = 119 R2 5837 : 54 = 108 R5

6 Rätsel

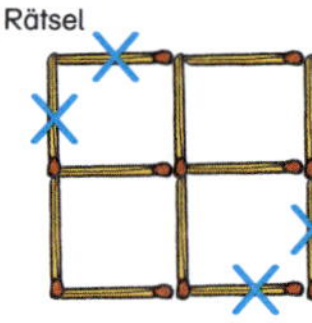

7 Wie viel Geld fehlt auf 100 Euro? Kontrolliere und hake ab, 1 Geldbörserl bleibt übrig!

36,25 € ⟶ 63,75 € 80,19 € ⟶ 19,81 € 21,73 € ⟶ 78,27 €
93,02 € ⟶ 6,98 € 7,80 € ⟶ 92,20 € 50,50 € ⟶ 49,50 €

8 Die Klasse 4b organisiert mit ihrer Lehrerin das Buffet beim Elternsprechtag. Sie nehmen bei den Getränken 123 €, bei den Brötchen 168 € und beim Kuchen 47 € ein.
Mit dem Geld machen die 26 Schüler und Schülerinnen gemeinsam mit ihrer Lehrerin einen Klassenausflug in den Prater.
Wie viel Geld hat jedes Kind zur Verfügung?

123 €
168 €
47 €
338 €

338 € : 26 = 13 €
78
0 R

A.: Jedes Kind hat 13 € zur Verfügung.

13

1 Große Additionen und Subtraktionen! Eine Kontrollzahl bleibt übrig!

349583	76419	4009	964132
36471	- 8736	1034	- 387549
619	67683	5803	576583
20965		7610	
407638		18456	

2 Symbolrätsel

♥ + ♥ = 8512	4256 + 4256 = 8512	♥ =	4256
♥ + ▲ + ▲ = 8204	4256 + 1974 + 1974 = 8204	▲ =	1974
▲ − ● = 1285	1974 − 689 = 1285	● =	689
● + ♥ + ▲ = 6919	689 + 4256 + 1974 = 6919		

3 Wandle um!

1 h = 60 min	4 min = 240 s
5 h = 300 min	3 min 12 s = 192 s
7 h = 420 min	2 min 9 s = 129 s
2 h 40 min = 160 min	1 min 58 s = 118 s

4 Ein Zug fährt um 9 Uhr 23 vom Bahnhof ab und kommt nach 3 Stunden 45 Minuten am Zielort an. Insgesamt hält er an 7 Bahnhöfen mit einer Aufenthaltsdauer von jeweils 4 Minuten.
a) Wann kommt der Zug am Zielort an?
b) Wie lange ist die reine Fahrzeit?

7 · 4 min = 28 min

9 h 23 min
3 h 45 min
12 h 68 min =
13 h 08 min

3 h 45 min
− 28 min
3 h 17 min

A. a): Der Zug kommt um 13 Uhr 08 am Zielort an.
A. b): Die reine Fahrzeit ist 3 Stunden 17 Minuten.

60

5 Multipliziere und male oder kreuze die Ergebnisse an!

6 Logische Zahlenreihe: Für welche Zahl steht das Fragezeichen?

Das Fragezeichen steht für die Zahl 290.

7 Kreisdiagramm

Tim hat von seinem Geburtstagsgeld 368 € ausgegeben.
Rechne aus, wie viel er für Fahrrad, Fahrradhelm, Licht und Fahrradcomputer ausgegeben hat.
Beschrifte die Preisschilder!

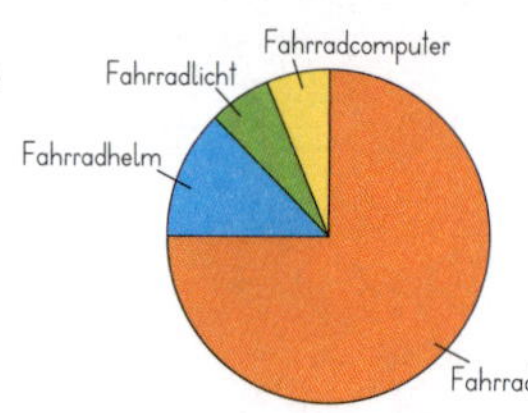

368 € : 4 = 92 € 92 € · 3
08 276 €
0 R

92 € : 4 = 23 € 23 € · 2
12 46 €
0R

23

1 Addiere und subtrahiere oder finde die fehlenden Zahlen!

436 + 384 = 820	1000 − 353 = 647
307 + 999 = 1306	2071 − 993 = 1078
693 − 692 = 1	385 + 517 = 902

2 Finde die 10 Fehler im rechten Bild und kreise sie rot ein!

3 Berechne zuerst die fehlenden Seitenangaben, dann die Gesamtfläche!

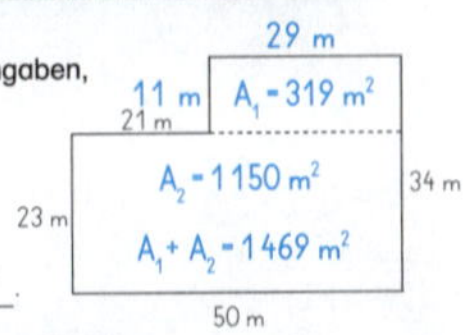

A.: Die Gesamtfläche beträgt 1469 m².

4 Dominik ist 138 cm groß. Tanja ist um 2 dm größer als Dominik, Johanna ist um 42 cm kleiner als Tanja.

Wie groß sind Tanja und Johanna?

138 cm	158 cm
+ 20 cm	− 42 cm
158 cm	116 cm

A.: Tanja ist 158 cm und Johanna 116 cm groß.

1

5 Dividiere und mache die Probe!

6 Zahlen-Suchsel
Finde die Zahlen, die auf den Tafeln rechts stehen (waagrecht und senkrecht)!

7	8	3	7	1	6	4	1	3	9
8	6	2	5	3	4	5	6	2	3
9	7	9	2	9	5	1	8	6	6
4	3	9	1	9	8	4	5	5	4
2	5	8	7	1	6	1	2	8	5
8	9	8	8	4	7	8	6	6	7

7 Wie spät ist es? Trage beide möglichen Uhrzeiten ein!

2:50 Uhr	10:35 Uhr	8:15 Uhr	3:25 Uhr
14:50 Uhr	22:35 Uhr	20:15 Uhr	15:25 Uhr

8 Auf einem Baugrund mit 7 a Fläche wird ein Haus mit einer Länge von 16 m und einer Breite von 12 m gebaut. Zusätzlich lassen die Besitzer ein Biotop mit 3 m Länge und 2 m Breite ausheben.
a) Welche Fläche hat das Biotop?
b) Wie viel m² bleiben für den Garten übrig?

16 m² · 12 = 192 m² (32)
3 m · 2 = 6 m²
192 m² + 6 m² = 198 m²
700 m² − 198 m² = 502 m²

A. a): Das Biotop hat eine Fläche von 6 m².
A. b): Für den Garten bleiben 502 m² übrig.

6

1 Multipliziere und male oder kreuze die Lösungen an!

4879 · 73	7654 · 73	8204 · 73	3989 · 73
34153	53578	57428	27923
14637	22962	24612	11967
356167	558742	598892	291197

2 Kannst du selbst ein Rechenrätsel erfinden? Individuell

Zu meiner Zahl wurde 28 dazugezählt.
Das Ergebnis lautet 115.
Die gedachte Zahl heißt 87.

3 Zerlege die Gesamtfläche in Teilflächen und berechne sie anschließend!

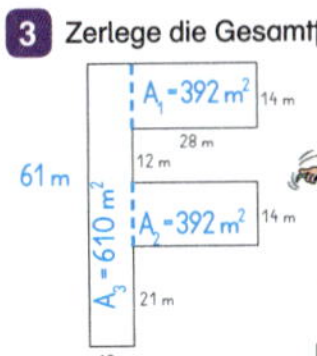

28 m² · 14 = 112 → 392 m²
21 m + 14 m + 12 m + 14 m = 61 m
61 m² · 10 = 610 m²
610 m² + 392 m² + 392 m² = 1394 m²

Die Gesamtfläche beträgt 1394 m².

4 Jonas geht um 7 Uhr 29 von zu Hause weg und kommt um 7 Uhr 37 in der Schule an. Auf den Heimweg macht er sich wieder um 11 Uhr 55.
a) Wie viele Minuten braucht er in die Schule?
b) Wie lange ist Jonas an diesem Tag in der Schule?

7 h 37 min − 7 h 29 min = 8 min
11 h 55 min − 7 h 37 min = 4 h 18 min

A. a): Er braucht 8 Minuten in die Schule.
A. b): Jonas ist 4 Stunden 18 Minuten in der Schule.

8

5 Rechenschlange

6 Magisches Quadrat (schwierig!):
Fülle die Kästchen mit den Zahlen 1 bis 9 so, dass sich waagrecht, senkrecht und diagonal immer die gleiche Summe ergibt!

4	9	2
3	5	7
8	1	6

7 Balkendiagramm

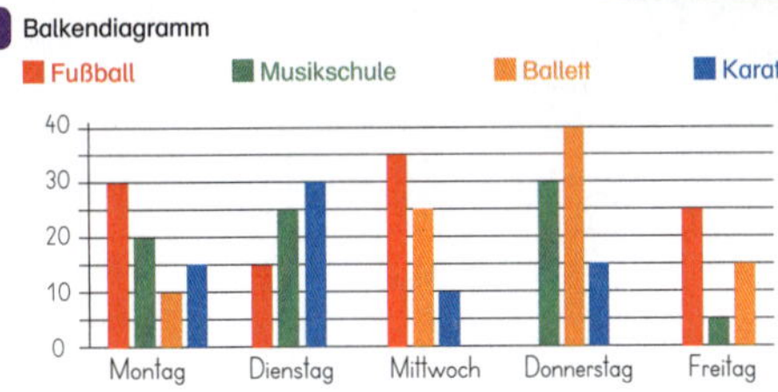

Wie viele Kinder besuchen in einer Woche die Musikschule? 80
In den Ballettkurs gehen am Montag 10 Kinder.
Gehen am Dienstag Kinder in den Karatekurs und wenn ja, wie viele? 30
Wie viele Kinder besuchen am Mittwoch das Fußballtraining? 35
Am Donnerstag gehen 30 Kinder in die Musikschule.
Wie viele Kinder besuchen am Freitag einen Kurs? 45
Wie viele Kinder nehmen in einer Woche an einem Sportkurs teil?

20	25	55	MO
25	5	45	DI
30	15	70	MI
5	45	55	DO
80		40	FR
		265	

A.: In einer Woche nehmen 265 Kinder an Sportkursen teil.

7

1 Gesichtssuchsel
Finde folgende Gesichtsfolgen und kreise sie ein (waagrecht und senkrecht)!

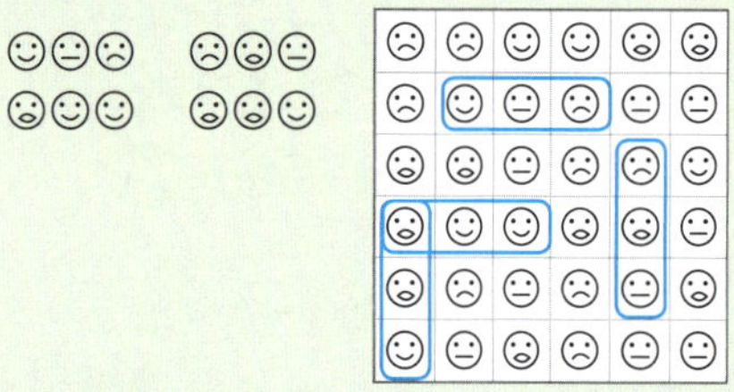

2 Sudoku

6	4	2	5	1	3
1	2	6	3	5	4
3	5	4	1	2	6
5	3	1	6	4	2
4	1	3	2	6	5
2	6	5	4	3	1

3 Kannst du diese Rechenrätsel lösen? Schreibe auch die Rechnungen auf!

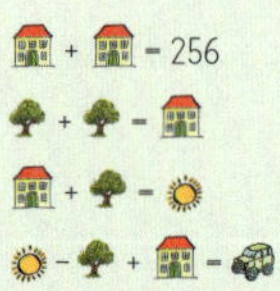

= 128   128 + 128 = 256
= 64   64 + 64 = 128
= 192   128 + 64 = 192
= 256   192 − 64 + 128 = 256

4 Sonnenrätsel

Jetzt brauchst du die Zahlen, die du auf allen Seiten in die ☀ geschrieben hast! Trage sie unten in die Tabelle ein, suche dann zu den Zahlen die passenden Buchstaben / Sonderzeichen und schreibe sie darunter!

40	6	76	3	23	57	60	4	115	11	28
A	B	C	D	E	F	G	H	I	J	K
13	127	153	179	136	14	5	2	8	21	15
L	M	N	O	P	Qu	R	S	T	U	V
9	48	27	17	12	1	32	7	26	31	
W	X	Y	Z	Ä	Ü	Ö	.	!	?	

Seite	4	5	6	7	8	9	10	11	12	13	16	17
☀-Zahl	6	5	40	15	179	26	3	21	4	40	2	8
Buchstabe	B	R	A	V	O	I	D	U	H	A	S	T

Seite	18	19	20	21	22	23	24	25	28	29	30	31
☀-Zahl	9	115	5	28	13	115	76	4	8	179	13	13
Buchstabe	W	I	R	K	L	I	C	H	T	O	L	L

Seite	32	33	34	35	36	37
☀-Zahl	60	23	1	6	8	7
Buchstabe	G	E	Ü	B	T	.

1 Addiere und subtrahiere im Kopf!

94 + 38 = 132   43 + 37 = 80   84 − 18 = 66   92 − 27 = 65
26 + 95 = 121   51 + 59 = 110   98 − 71 = 27   79 − 36 = 43
34 + 73 = 107   19 + 86 = 105   64 − 38 = 26   88 − 64 = 24

2 Entdecke die einzelnen Maße!

600 g = 60 dag 0 g
275 g = 27 dag 5 g
817 g = 81 dag 7 g
350 g = 35 dag 0 g

Wandle um!

2 t 168 kg = 2 168 kg
4 t 385 kg = 4 385 kg
8 t 364 kg = 8 364 kg
14 t 769 kg = 14 769 kg

3 Addiere und subtrahiere schriftlich!

237 + 348 = 585   186 + 647 = 833   271 + 569 = 840   263 + 484 = 747   197 + 724 = 921

811 − 554 = 257   523 − 522 = 1   962 − 373 = 589   735 − 426 = 309   1000 − 756 = 244

4 Berechne jeweils den Umfang oder das fehlende Längenmaß!

a) l = 37 m, b = 29 m, u = 132 m
b) l = 72 m, b = 36 m, u = 216 m
c) l = 53 cm, b = 19 cm, u = 144 cm
d) l = 25 m, b = 6 m, u = 62 m

a) 37 m · 2 = 74 m; 29 m · 2 = 58 m; 74 m + 58 m = 132 m
b) 72 m · 2 = 144 m; 36 m · 2 = 72 m; 144 m + 72 m = 216 m
c) 53 cm · 2 = 106 cm; 144 cm − 106 cm = 38 cm; 38 cm : 2 = 19 cm
d) 6 m · 2 = 12 m; 62 m − 12 m = 50 m; 50 m : 2 = 25 m

5 Addiere und subtrahiere! Male die Ergebnisfische an oder streiche sie durch!

824 + 176 = 1000   699 + 203 = 902   507 + 388 = 895   442 + 183 = 625   817 + 124 = 941   351 + 547 = 898

732 − 544 = 188   694 − 401 = 293   344 − 217 = 127   329 − 114 = 215   878 − 453 = 425   819 − 532 = 287

6 a) Setze <, > oder = ein!

$\frac{3}{8} > \frac{1}{8}$ $\frac{1}{4} < \frac{3}{4}$
$\frac{2}{8} < \frac{1}{2}$ $\frac{4}{8} = \frac{1}{2}$

b) Rechne!

$\frac{1}{4} + \frac{2}{8} + \frac{1}{8} = \frac{5}{8}$
$1 - \frac{2}{4} - \frac{1}{4} = \frac{1}{4}$

7 Berechne jeweils den Umfang oder das fehlende Längenmaß!

a) s = 12 m, u = 48 m
b) s = 25 dm, u = 100 dm
c) s = 25 dm, u = 100 dm
d) s = 124 cm, u = 496 cm

a) 12 m · 4 = 48 m
b) 25 dm · 4 = 100 dm
c) 100 dm : 4 = 25 dm
d) 496 cm : 4 = 124 cm

8 Aus wie vielen Würfeln bestehen diese Figuren?

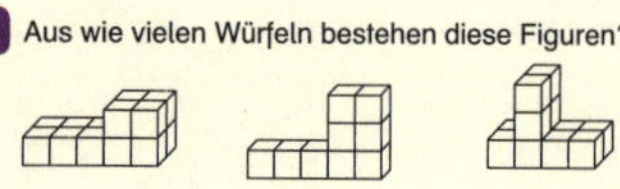

14   9   12

1 Multipliziere schriftlich!

256 · 73	178 · 38	379 · 82	703 · 64
1792	534	3032	4218
768	1424	758	2812
18688	6764	31078	44992

2 Lea und Mara wiegen zusammen 58 kg. Lea ist um 2 kg schwerer als Mara.

Lea wiegt 30 kg. Mara wiegt 28 kg.

3 Multipliziere und male die Ergebnisse an oder streiche sie durch!

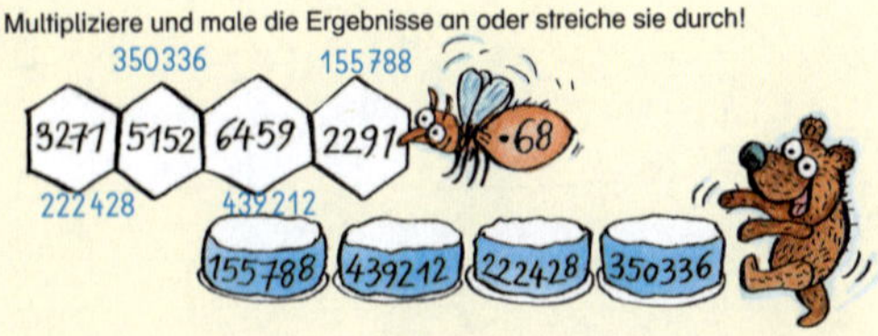

4 Verändere die vorgegebenen Winkel so, dass folgende Winkel entstehen:

a) Winkel, die kleiner als ⦜ sind – bemale sie blau!

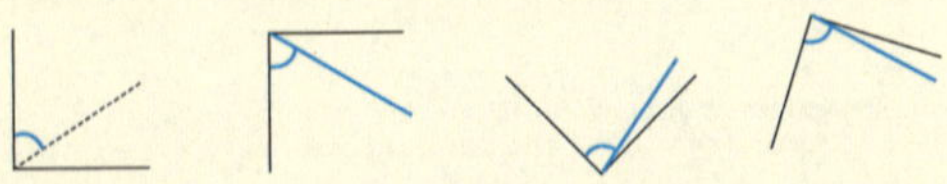

b) Winkel, die größer als ⦜ sind – bemale sie rot!

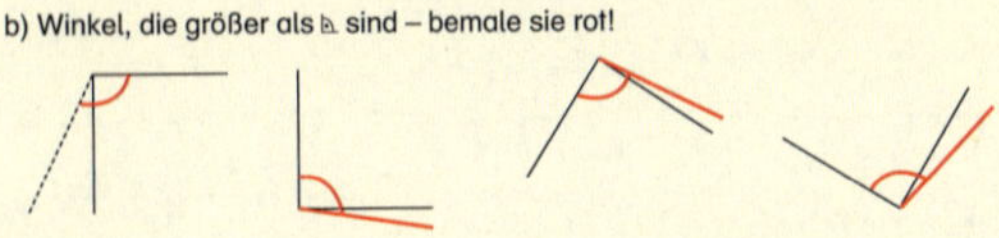

5 Multipliziere und zähle die Ziffern der Ergebnisse zusammen! In den Kästchen findest du die Ziffernsumme der Ergebnisse!

367 · 48	493 · 56	613 · 27	545 · 73
1468	2465	1226	3815
2936	2958	4291	1635
17616 (21)	27608 (23)	16551 (18)	39785 (32)

6 Entdecke die einzelnen Maße!

497 cm = 4 m 9 dm 7 cm

609 mm = 6 dm 9 mm

3507 m = 3 km 507 m

20 mm · 100 = 2000 mm = 2 m

380 cm + 140 cm = 520 cm = 52 dm

760 dm – 230 dm = 530 dm = 53 m

7 Multipliziere!

5248 · 48	2997 · 38	8648 · 24	3987 · 53
20992	8991	17296	19935
41984	23976	34592	11961
251904	113886	207552	211311

8 Ein Kuhstall hat eine Fläche von 817 m². Die Breite beträgt 19 m. Wie groß ist die Länge des Kuhstalles?

A.: Die Länge des Kuhstalles ist 43 m.

817 m² : 19 = 43 m
057
00 R

1 Dividiere und male die Ergebnisse an oder streiche sie durch!

5894 : 14 = 421

8862 : 42 = 211

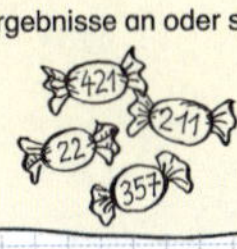

9639 : 27 = 357

2178 : 99 = 22

5894 : 14 = 421 / 029 / 014 / 0 R

8862 : 42 = 211 / 046 / 042 / 0 R

9639 : 27 = 357 / 153 / 189 / 00 R

2178 : 99 = 22 / 198 / 00 R

2 Bei der Schulaufführung kauft Mama in der Pause ihrem Sohn Stefan eine Schnitzelsemmel um 2 € 50 c und einen Apfelsaft um 150 c. Für sich kauft sie ein Stück Kuchen um 2 € und einen Kaffee um 100 c. Für das Programm spendet sie 7 €. Insgesamt hatte sie in ihrer Geldbörse 40 €.

Wie viel Euro hat sie am Ende noch? 26 €

250 c
150 c
200 c
100 c
700 c
1400 c

1400 c = 14 €

40 €
– 14 €
26 €

3 Dividiere und ordne die Ergebnisse der Größe nach! Beginne mit dem kleinsten!

1862 : 98 = (B) 19

4144 : 56 = (E) 74

2835 : 63 = (A) 45

8134 : 83 = (N) 98

4752 : 88 = (D) 54

Lösungswort: B A D E N

1862 : 98 = 19 / 882 / 00 R

8134 : 83 = 98 / 664 / 00 R

4144 : 56 = 74 / 224 / 00 R

4752 : 88 = 54 / 352 / 00 R

2835 : 63 = 45 / 315 / 00 R

4 Ziehe die Geraden nach, die zueinander parallel (II) sind!

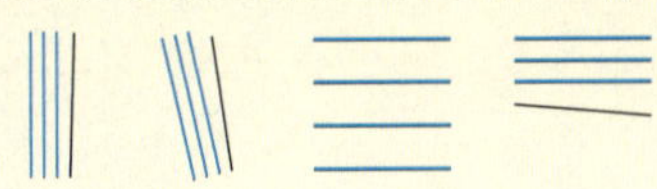

5 Divisionen mit Rest

4832 : 24 = 201 R 8

8947 : 56 = 159 R 43

4832 : 24 = 201 / 003 / 032 / 08 R

8947 : 56 = 159 / 334 / 547 / 43 R

6 Miss die Seiten! Berechne die Gesamtfläche!

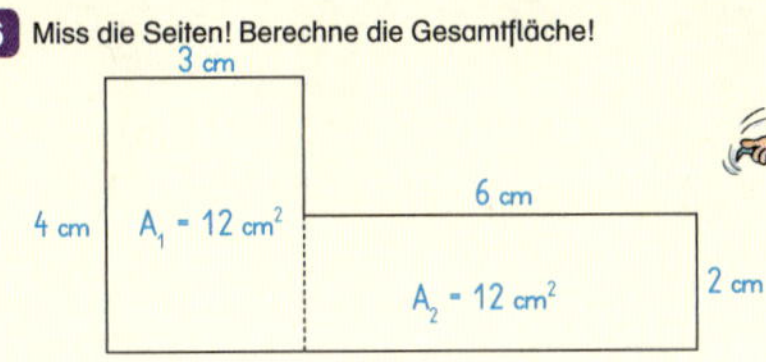

4 cm · 3 = 12 cm²

6 cm · 2 = 12 cm²

$A_1 + A_2 = 24\ cm^2$

7 Wie spät ist es in 55 Minuten?

12 Uhr 18 → 13 Uhr 13

14 Uhr 10 → 15 Uhr 05

8 Uhr 07 → 9 Uhr 02

7 Uhr 24 → 8 Uhr 19

1 Addiere und subtrahiere!

327	212	170	309	413
439	308	408	97	149
501	27	217	131	254
1267	547	795	537	816

1000	937	1000	604	1000
− 418	− 306	− 703	− 385	− 299
582	631	297	219	701

2 a) Berechne jeweils den Umfang! b) Berechne das fehlende Längenmaß!

l = 68 m, b = 52 m, u = 240 m

s = 366 cm, u = 1464 cm

u = 216 cm, l = 72 cm, b = 36 cm

u = 172 mm, s = 43 mm

68 m · 2 = 136 m; 136 m + 104 m = 240 m; 52 m · 2 = 104 m

366 cm · 4 = 1464 cm

72 cm · 2 = 144 cm; 216 cm − 144 cm = 72 cm

72 cm : 2 = 36 cm

172 mm : 4 = 43 mm

3 Multipliziere! Male die Ergebniszahlen an oder streiche sie durch!

13423 · 62	17148 · 46
80538	68592
26846	102888
832226	788808
41121 · 24	25594 · 35
82242	76782
164484	127970
986904	895790

4 Flächenmaße:
Ordne die Maße! Beginne mit dem größten!

cm^2	km^2	a	mm^2	ha	dm^2	m^2
km^2	ha	a	m^2	dm^2	cm^2	mm^2

5 Divisionen mit Rest. Mache die Probe!

6438 : 17 = 378 R 12   9387 : 53 = 177 R 6

6438 : 17 = 378 (133, 148, 12 R); Probe: 378 · 17 = 2646, 6426; 6426 + 12 = 6438

9387 : 53 = 177 (408, 377, 06 R); Probe: 177 · 53 = 885, 531, 9381; 9381 + 6 = 9387

6 Gewichtsmaße: Wandle um!

9 kg = 900 dag
5 kg = 5000 g
2 kg 29 dag = 229 dag
8 kg 35 dag = 835 dag

700 dag = 7 kg
6 dag = 60 g
50 dag = 500 g
2 kg = 200 dag

7 Lenni springt beim Weitsprung 4 m 22 cm, Max um 36 cm kürzer, Alex um 47 cm weiter als Lenni, Paul um 53 cm weiter als Max.
Welcher der vier Buben gewinnt den Weitsprung?

A.: Alex gewinnt den Weitsprung.

Max: 422 cm − 36 cm = 386 cm
Alex: 422 cm + 47 cm = 469 cm
Paul: 386 cm + 53 cm = 439 cm

Rechnungen zum Selberbasteln!

1 Ein Grundstück ist ______ m lang und ______ m breit. *Individuell*
Berechne Umfang und Fläche!

2 Im Freibad kostet eine Kugel Eis ______ c. Mama möchte ______ Kugeln, Elen ______ und Leo ______. Wie viel € und c muss Mama für das Eis bezahlen?
A.: ______

3 Diese 5 Buben sind unterschiedlich schwer.
Berechne das durchschnittliche Körpergewicht!

___ kg   ___ kg   ___ kg   ___ kg   ___ kg

4 Finde Bruchrechnungen mit dem Ergebnis 1!

4 Zähle alle Zahlen zusammen! Ergebnis: ________

5 Welches Wort wird gesucht?

6 Farbsudoku

1 Schreibe die Zahlen untereinander in dein Heft und addiere! Trag die Ergebnisse in den Schmetterling ein!

zweitausendachthundertvierunddreißig, neunhundertsiebzehn
vierhunderteinundsiebzig, achtundachtzig
fünftausendzweihundertacht, siebenhundertdrei
siebentausendfünfundvierzig, sechshundertzwölf

2 Zauberquadrat: Addiere die Zahlen jeder senkrechten, jeder waagrechten und jeder diagonalen Reihe des Quadrates.

Welche Zahl fehlt in der Mitte? Trage die Zahl im Quadrat ein!

70	65	72
71		67
66	73	68

3 Zeichne zu jeder Geraden mit deinem Geo-Dreieck 2 Parallele!

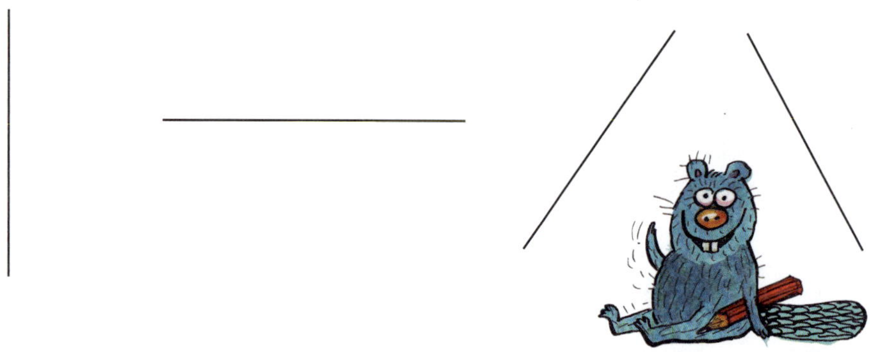

4 Nathalie bekommt zum Geburtstag 150 €. Sie kauft vier Bücher um je 7 €, 3 Computerspiele um je 37 € und Süßigkeiten um 300 c.

Wie viel Geld kann sie nach diesem Einkauf in ihr Sparschwein werfen?

A.: ______________________________

____

5 Multipliziere! Rechne geschickt (Einservorteil)!

6 Verbinde die Zahlen der Reihe nach, indem du immer minus 9 rechnest. Starte bei 229, das Ziel ist bei 49.

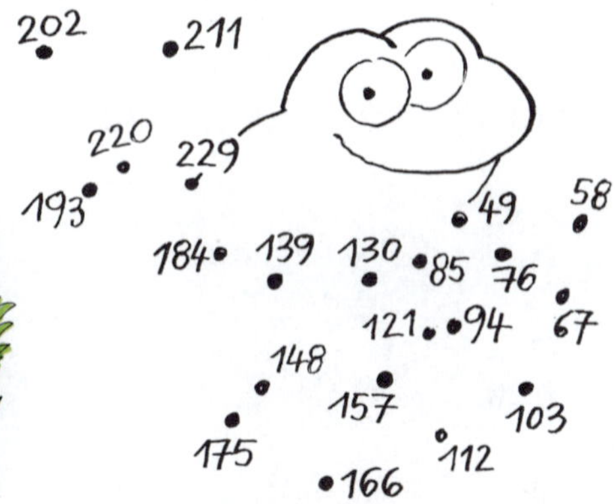

7 Wandle um!

3,70 € = ____ c
1,79 € = ____ c

1,36 € = ____ € ____ c
4,90 € = ____ € ____ c

428 c = ____ € ____ c
2 134 c = ____ € ____ c

8 Eine Frau kauft einen gebrauchten Kleinwagen um 6 227 €. Sie leistet eine Anzahlung und bezahlt den Rest in 12 Raten zu je 355 €. Wie hoch ist die Anzahlung?

A.: ______________________________

1 Schreibe die Zahlen auf und subtrahiere! Male oder kreuze die Ergebniszahlen an!

6H 4Z 3E, 2H 8Z 5E

1T 4H, 6H 3Z 7E

4E 8H 6Z, 5Z 1E 8H

3Z 1E 6H, 4E 2H 6Z

2 Sikaku: Falls du vergessen hast, wie es geht → Erklärung siehe Seite 11!

	2			2
		3		
	4			8
	6			

3 Verbinde die Punkte so, dass Flächen entstehen!
Kontrolliere mit dem Geodreieck, ob rechte Winkel entstanden sind, und kennzeichne sie!

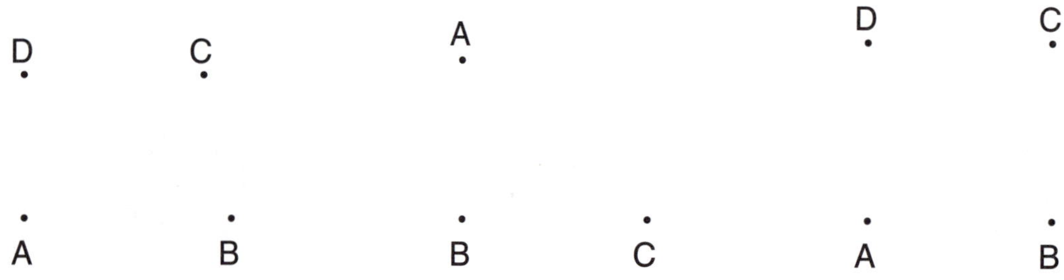

4 In einem großen Saal stehen 69 Tische.
Zu jedem Tisch gehören 16 Sessel.
Wie viele Leute haben in diesem Saal Platz?

A.: ______________________

____

5 Dividiere und male das Ergebnis in der Birne und den dazugehörigen Rest im Apfel in der passenden Farbe an!

2479 : 42 = ▇ (blau)   8923 : 98 = ▇ (grün)   7737 : 65 = ▇ (rot)   5837 : 54 = ▇ (gelb)

6 Rätsel

7 Wie viel Geld fehlt auf 100 Euro? Kontrolliere und hake ab, 1 Geldbörserl bleibt übrig!

36,25 € → ________   80,19 € → ________   21,73 € → ________

93,02 € → ________   7,80 € → ________   50,50 € → ________

☐ ☐ ☐ ☐ ☐ ☐ ☐

8 Die Klasse 4b organisiert mit ihrer Lehrerin das Buffet beim Elternsprechtag. Sie nehmen bei den Getränken 123 €, bei den Brötchen 168 € und beim Kuchen 47 € ein.
Mit dem Geld machen die 26 Schüler und Schülerinnen gemeinsam mit ihrer Lehrerin einen Klassenausflug in den Prater.

Wie viel Geld hat jedes Kind zur Verfügung?

A.: ________________________________

1 Große Additionen und Subtraktionen! Eine Kontrollzahl bleibt übrig!

349583	76419	4009	964132
36471	− 8736	1034	− 387549
619	______	5803	______
20965		7610	
______		______	

2 Symbolrätsel

❤ + ❤ = 8512 ____________________ ❤ = ______

❤ + ▲ + ▲ = 8204 ____________________ ▲ = ______

▲ − ● = 1285 ____________________ ● = ______

● + ❤ + ▲ = ______ ____________________

3 Wandle um!

1 h = ____ min	4 min = ____ s
5 h = ____ min	3 min 12 s = ____ s
7 h = ____ min	2 min 9 s = ____ s
2 h 40 min = ____ min	1 min 58 s = ____ s

4 Ein Zug fährt um 9 Uhr 23 vom Bahnhof ab und kommt nach 3 Stunden 45 Minuten am Zielort an. Insgesamt hält er an 7 Bahnhöfen mit einer Aufenthaltsdauer von jeweils 4 Minuten.

a) Wann kommt der Zug am Zielort an?
b) Wie lange ist die reine Fahrzeit?

A. a): ______________________________

A. b): ______________________________

5 Multipliziere und male oder kreuze die Ergebnisse an!

6 Logische Zahlenreihe: Für welche Zahl steht das Fragezeichen?

Das Fragezeichen steht für die Zahl ____.

7 Kreisdiagramm

Tim hat von seinem Geburtstagsgeld 368 € ausgegeben.
Rechne aus, wie viel er für Fahrrad, Fahrradhelm, Licht und Fahrradcomputer ausgegeben hat.
Beschrifte die Preisschilder!

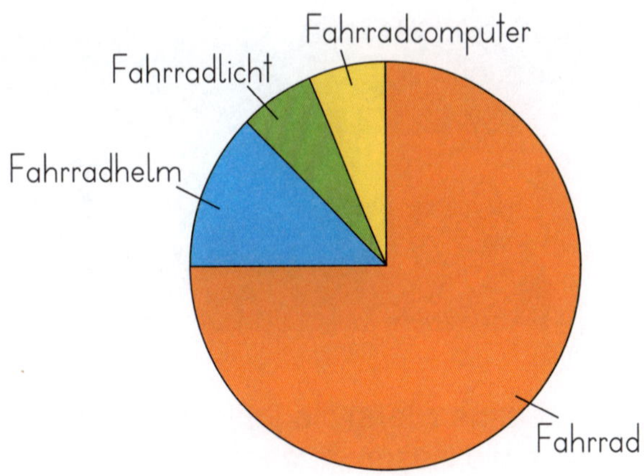

1 Addiere und subtrahiere oder finde die fehlenden Zahlen!

□36 + 38□ = 820	1000 − □□□ = 647
307 + 999 = □□□□	2071 − 993 = □□□□
693 − 692 = □□□	3□5 + 51□ = □02

2 Finde die 10 Fehler im rechten Bild und kreise sie rot ein!

3 Berechne zuerst die fehlenden Seitenangaben, dann die Gesamtfläche!

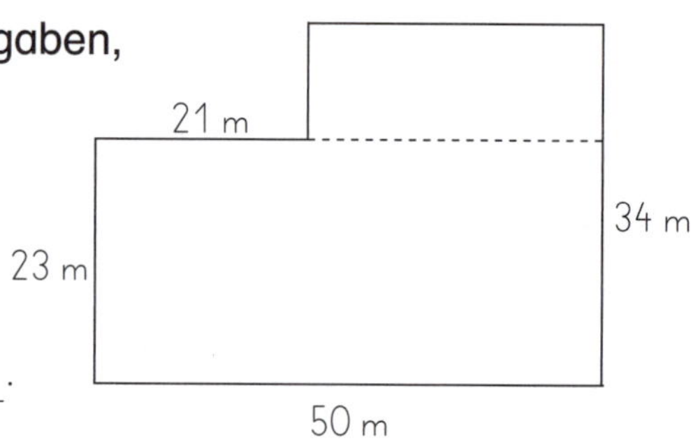

A.: Die Gesamtfläche beträgt ________.

4 Dominik ist 138 cm groß. Tanja ist um 2 dm größer als Dominik, Johanna ist um 42 cm kleiner als Tanja.

Wie groß sind Tanja und Johanna?

A.: ______________________________

5 Dividiere und mache die Probe!

6 Zahlen-Suchsel
Finde die Zahlen, die auf den Tafeln rechts stehen (waagrecht und senkrecht)!

7	8	3	7	1	6	4	1	3	9
8	6	2	5	3	4	5	6	2	3
9	7	9	2	9	5	1	8	6	6
4	3	9	1	9	8	4	5	5	4
2	5	8	7	1	6	1	2	8	5
8	9	8	8	4	7	8	6	6	7

7 Wie spät ist es? Trage beide möglichen Uhrzeiten ein!

______ ______ ______ ______

______ ______ ______ ______

8 Auf einem Baugrund mit 7 a Fläche wird ein Haus mit einer Länge von 16 m und einer Breite von 12 m gebaut. Zusätzlich lassen die Besitzer ein Biotop mit 3 m Länge und 2 m Breite ausheben.
a) Welche Fläche hat das Biotop?
b) Wie viel m^2 bleiben für den Garten übrig?

A. a): ______________________

A. b): ______________________

1 Multipliziere und male oder kreuze die Lösungen an!

2 Kannst du selbst ein Rechenrätsel erfinden?

Zu meiner Zahl wurde ____ dazugezählt.
Das Ergebnis lautet ____.
Die gedachte Zahl heißt ____.

3 Zerlege die Gesamtfläche in Teilflächen und berechne sie anschließend!

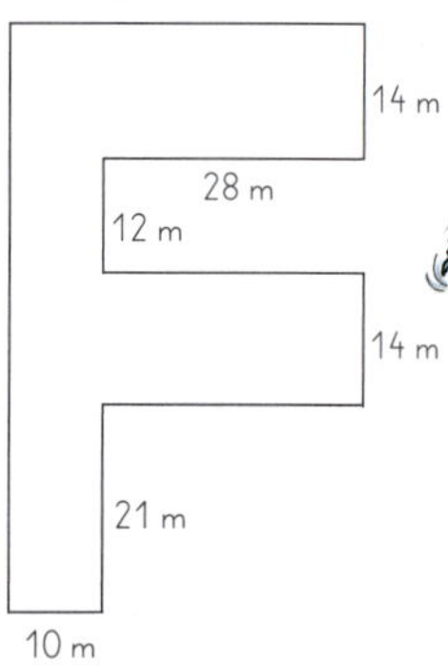

Die Gesamtfläche beträgt ________.

4 Jonas geht um 7 Uhr 29 von zu Hause weg und kommt um 7 Uhr 37 in der Schule an. Auf den Heimweg macht er sich wieder um 11 Uhr 55.

a) Wie viele Minuten braucht er in die Schule?
b) Wie lange ist Jonas an diesem Tag in der Schule?

A. a): ________________________________

A. b): ________________________________

5 Rechenschlange

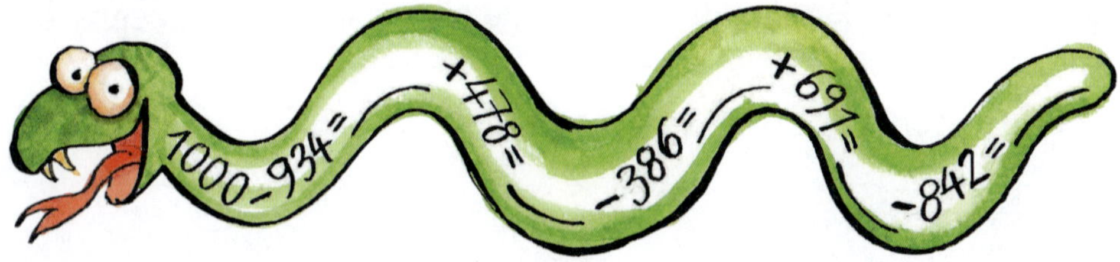

6 Magisches Quadrat (schwierig!):
Fülle die Kästchen mit den Zahlen 1 bis 9 so, dass sich waagrecht, senkrecht und diagonal immer die gleiche Summe ergibt!

7 Balkendiagramm

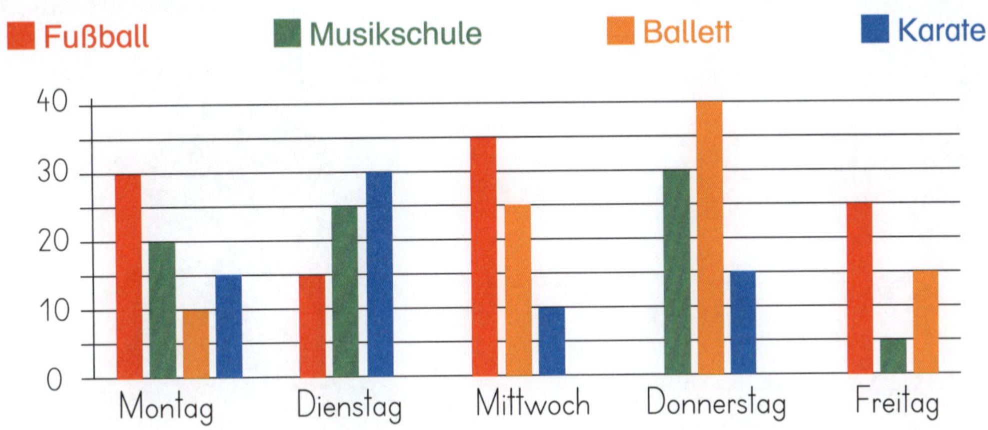

Wie viele Kinder besuchen in einer Woche die Musikschule? ________

In den Ballettkurs gehen am Montag _____ Kinder.

Gehen am Dienstag Kinder in den Karatekurs und wenn ja, wie viele? ________

Wie viele Kinder besuchen am Mittwoch das Fußballtraining? ________

Am Donnerstag gehen _____ Kinder in die Musikschule.

Wie viele Kinder besuchen am Freitag einen Kurs?

____

Wie viele Kinder nehmen in einer Woche an einem Sportkurs teil?

A.: ____

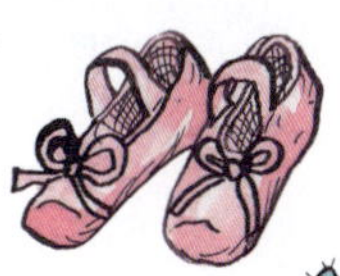

1 Gesichtssuchsel
Finde folgende Gesichtsfolgen und kreise sie ein (waagrecht und senkrecht)!

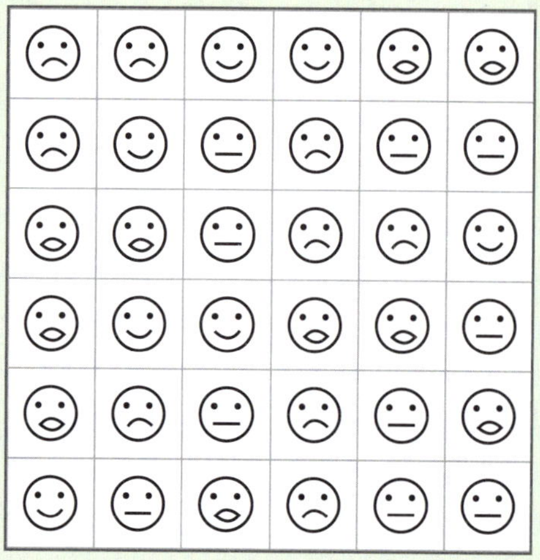

2 Sudoku

6					
1				5	
		4		2	
5	3				
			2		
			4		1

3 Kannst du diese Rechenrätsel lösen? Schreibe auch die Rechnungen auf!

4 Sonnenrätsel

Jetzt brauchst du die Zahlen, die du auf allen Seiten in die ☼ geschrieben hast! Trage sie unten in die Tabelle ein, suche dann zu den Zahlen die passenden Buchstaben / Sonderzeichen und schreibe sie darunter!

40	6	76	3	23	57	60	4	115	11	28
A	B	C	D	E	F	G	H	I	J	K
13	127	153	179	136	14	5	2	8	21	15
L	M	N	O	P	Qu	R	S	T	U	V
9	48	27	17	12	1	32	7	26	31	
W	X	Y	Z	Ä	Ü	Ö	.	!	?	

Seite	4	5	6	7	8	9	10	11	12	13	16	17
☼-Zahl												
Buchstabe												

Seite	18	19	20	21	22	23	24	25	28	29	30	31
☼-Zahl												
Buchstabe												

Seite	32	33	34	35	36	37
☼-Zahl						
Buchstabe						

1 Addiere und subtrahiere im Kopf!

94 + 38 = ____	43 + 37 = ____	84 − 18 = ____	92 − 27 = ____
26 + 95 = ____	51 + 59 = ____	98 − 71 = ____	79 − 36 = ____
34 + 73 = ____	19 + 86 = ____	64 − 38 = ____	88 − 64 = ____

2 Entdecke die einzelnen Maße!

600 g = ____ dag ____ g
275 g = ____ dag ____ g
817 g = ____ dag ____ g
350 g = ____ dag ____ g

Wandle um!

2 t 168 kg = ______ kg
4 t 385 kg = ______ kg
8 t 364 kg = ______ kg
14 t 769 kg = ______ kg

3 Addiere und subtrahiere schriftlich!

237	186	271	263	197
348	647	569	484	724
____	____	____	____	____

811	523	962	735	1000
− 554	− 522	− 373	− 426	− 756
____	____	____	____	____

4 Berechne jeweils den Umfang oder das fehlende Längenmaß!

a) l = 37 m	b) l = 72 m	c) l = 53 cm	d) l = ____
b = 29 m	b = 36 m	b = ____	b = 6 m
u = ____	u = ____	u = 144 cm	u = 62 m

5 Addiere und subtrahiere! Male die Ergebnisfische an oder streiche sie durch!

824	699	507	442	817	351
176	203	388	183	124	547

732	694	344	329	878	819
-544	-401	-217	-114	-453	-532

6 a) Setze <, > oder = ein!

$\frac{3}{8} \bigcirc \frac{1}{8}$ $\frac{1}{4} \bigcirc \frac{3}{4}$

$\frac{2}{8} \bigcirc \frac{1}{2}$ $\frac{4}{8} \bigcirc \frac{1}{2}$

b) Rechne!

$\frac{1}{4} + \frac{2}{8} + \frac{1}{8} =$ ___

$1 - \frac{2}{4} - \frac{1}{4} =$ ___

7 Berechne jeweils den Umfang oder das fehlende Längenmaß!

a) s = 12 m
u = ______

b) s = 25 dm
u = ______

c) s = ______
u = 100 dm

d) s = ______
u = 496 cm

8 Aus wie vielen Würfeln bestehen diese Figuren?

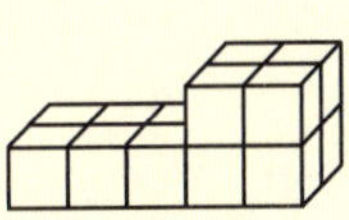
___

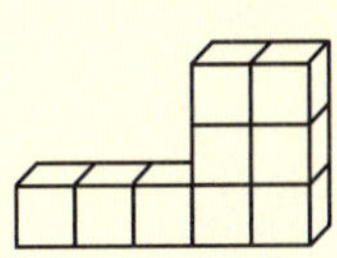
___

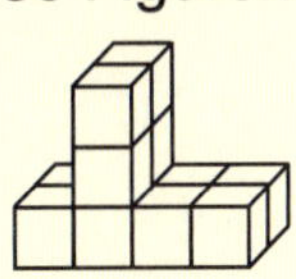
___

Mathe-Check 2

1 Multipliziere schriftlich!

256 · 73   178 · 38   379 · 82   703 · 64

2 Lea und Mara wiegen zusammen 58 kg. Lea ist um 2 kg schwerer als Mara.

Lea wiegt ____ kg. Mara wiegt ____ kg.

3 Multipliziere und male die Ergebnisse an oder streiche sie durch!

4 Verändere die vorgegebenen Winkel so, dass folgende Winkel entstehen:

a) Winkel, die kleiner als ⊾ sind – bemale sie blau!

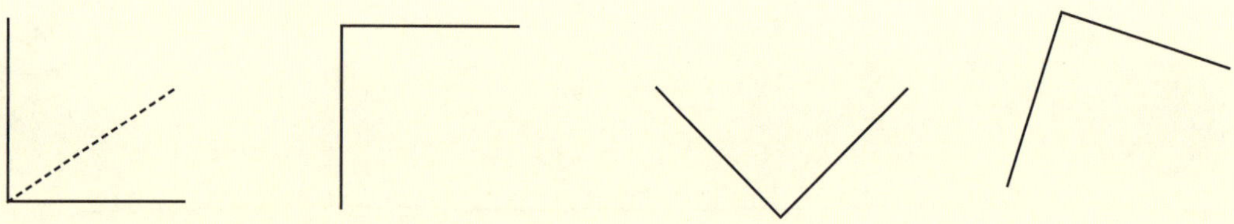

b) Winkel, die größer als ⊾ sind – bemale sie rot!

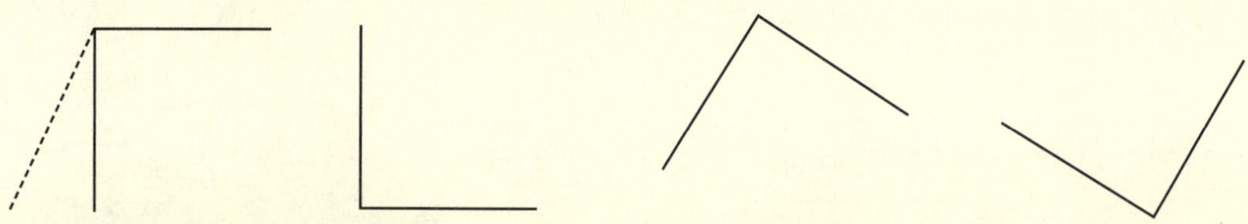

5 Multipliziere und zähle die Ziffern der Ergebnisse zusammen!
In den Kästchen findest du die Ziffernsumme der Ergebnisse!

$367 \cdot 48$ $493 \cdot 56$ $613 \cdot 27$ $545 \cdot 73$

6 Entdecke die einzelnen Maße!

497 cm = ____ m ____ dm ____ cm
609 mm = ____________
3507 m = ____________
20 mm · 100 = ________ = ____
380 cm + 140 cm = ________ = ____
760 dm – 230 dm = ________ = ____

7 Multipliziere!

$5248 \cdot 48$ $2997 \cdot 38$ $8648 \cdot 24$ $3987 \cdot 53$

8 Ein Kuhstall hat eine Fläche von 817 m^2.
Die Breite beträgt 19 m.
Wie groß ist die Länge des Kuhstalles?

A.: ____________________

1 Dividiere und male die Ergebnisse an oder streiche sie durch!

5894 : 14 = ____

8862 : 42 = ____

9639 : 27 = ____

2178 : 99 = ____

2 Bei der Schulaufführung kauft Mama in der Pause ihrem Sohn Stefan eine Schnitzelsemmel um 2 € 50 c und einen Apfelsaft um 150 c. Für sich kauft sie ein Stück Kuchen um 2 € und einen Kaffee um 100 c. Für das Programm spendet sie 7 €.
Insgesamt hatte sie in ihrer Geldbörse 40 €.

Wie viel Euro hat sie am Ende noch? ________

3 Dividiere und ordne die Ergebnisse der Größe nach! Beginne mit dem kleinsten!

1862 : 98 = (B)

4144 : 56 = (E)

2835 : 63 = (A)

8134 : 83 = (N)

4752 : 88 = (D)

Lösungswort: ____ ____ ____ ____ ____

4 Ziehe die Geraden nach, die zueinander parallel (II) sind!

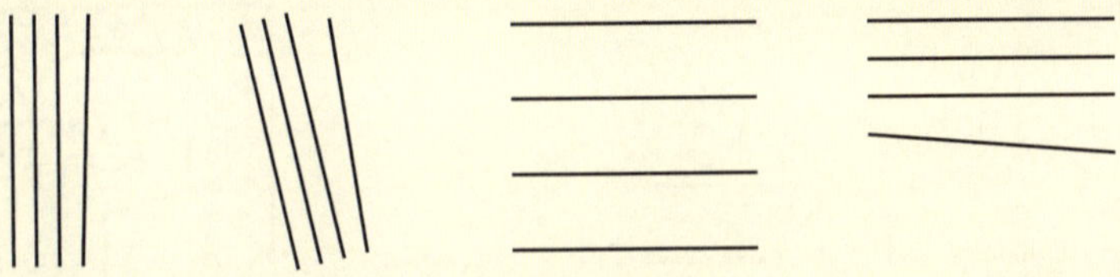

5 Divisionen mit Rest

4832 : 24 = ________ 8947 : 56 = ________

6 Miss die Seiten! Berechne die Gesamtfläche!

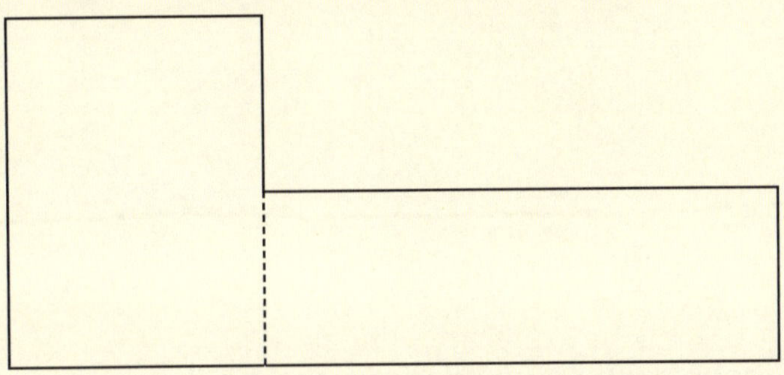

7 Wie spät ist es in 55 Minuten?

12 Uhr 18 → ________ 8 Uhr 07 → ________

14 Uhr 10 → ________ 7 Uhr 24 → ________

1 Addiere und subtrahiere!

327	212	170	309	413
439	308	408	97	149
501	27	217	131	254
____	____	____	____	____

1000	937	1000	604	1000
− 418	− 306	− 703	− 385	− 299
____	____	____	____	____

2

a) Berechne jeweils den Umfang!

l = 68 m
b = 52 m
u = ______

s = 366 cm
u = ______

b) Berechne das fehlende Längenmaß!

u = 216 cm
l = 72 cm
b = ______

u = 172 mm
s = ______

3 Multipliziere! Male die Ergebniszahlen an oder streiche sie durch!

13423 · 62

17148 · 46

41121 · 24

25594 · 35

4 Flächenmaße:
Ordne die Maße! Beginne mit dem größten!

cm^2 | km^2 | a | mm^2 | ha | dm^2 | m^2

______ ______ ______ ______ ______ ______ ______

5 Divisionen mit Rest. Mache die Probe!

6438 : 17 = ______

9387 : 53 = ______

6 Gewichtsmaße: Wandle um!

9 kg = ______ dag
5 kg = ______ g
2 kg 29 dag = ______ dag
8 kg 35 dag = ______ dag

700 dag = ______ kg
6 dag = ______ g
50 dag = ______ g
2 kg = ______ dag

7 Lenni springt beim Weitsprung 4 m 22 cm, Max um 36 cm kürzer, Alex um 47 cm weiter als Lenni, Paul um 53 cm weiter als Max.

Welcher der vier Buben gewinnt den Weitsprung?

A.: ______________________________

Rechnungen zum Selberbasteln!

1 Ein Grundstück ist ________ m lang und ________ m breit.
Berechne Umfang und Fläche!

2 Im Freibad kostet eine Kugel Eis ________ c. Mama möchte ________ Kugeln, Elen ________ und Leo ________. Wie viel € und c muss Mama für das Eis bezahlen?

A.: ____

3 Diese 5 Buben sind unterschiedlich schwer.
Berechne das durchschnittliche Körpergewicht!

_____ kg | _____ kg | _____ kg | _____ kg | _____ kg

4 Finde Bruchrechnungen mit dem Ergebnis 1!

Mathe-Lexikon

+ = Addition − = Subtraktion : = Division · = Multiplikation

Meine Umrechnungstabellen

	€	c	c

	t			kg		dag	g

	km			m	dm	cm	mm

	km^2		ha		a		m^2		dm^2		cm^2		mm^2

1 Stunde (h) = 60 Minuten (min) 1 Minute (min) = 60 Sekunden (s)

Geometrische Formen

Pyramide Würfel Kegel Quader Zylinder Kugel

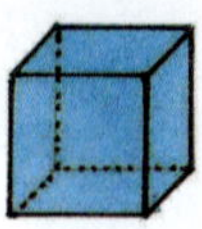

Würfel
6 Flächen
8 Ecken
12 Kanten

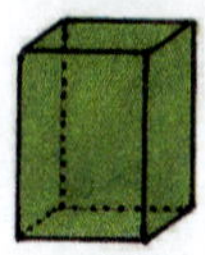

Quader
6 Flächen
8 Ecken
12 Kanten

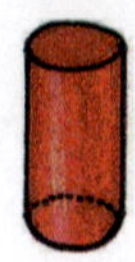

Zylinder
3 Flächen
2 Kanten

parallele Linien rechter Winkel Gerade Strecke Strahl

Umfang- und Flächenberechnung

	Rechteck	Quadrat
Umfangberechnung	$u = (l + b) \cdot 2$	$u = 4 \cdot s$
Flächenberechnung	$A = l \cdot b$	$A = s \cdot s$

Römische Zahlen

1 = I 5 = V 10 = X 50 = L 100 = C 500 = D 1 000 = M

Runden von Zahlen

0, 1, 2, 3, 4 → abrunden 5, 6, 7, 8, 9 → aufrunden

Für weitere Informationen steht Ihnen gerne Ihre VERITAS-Kundenberatung zur Verfügung.
Rufen Sie einfach an, schicken Sie ein Fax oder ein E-Mail!
Tel. +43 732 776451–2280, Fax: +43 732 776451–2239
E-Mail: kundenberatung@veritas.at
Besuchen Sie uns auf unserer Website www.veritas.at

4. Auflage (2022) – entspricht der Rechtschreibreform 2006.
Auf umweltfreundlichem Papier gedruckt bei: siehe https://produkt.veritas.at/35183#additional
Lektorat: Klaus Kopinitsch
Herstellung, Umschlaggestaltung und Layout: Kathrin Schager
Bildredaktion: Nina Autengruber
Illustrationen: Alena Schulz, Slavonika
Satz: satz@wolkerstorfer.at, Gutau
Coverillustration: Alena Schulz, Slavonika
Umschlagfoto: ms. foto.group/Linz

ISBN 978-3-7101-0384-1